SOBRE LA PRIVACIÓN DE LA LIBERTAD POR MOTIVOS DE DISCAPACIDAD

La cuestión de los internamientos involuntarios

PATRICIA CUENCA GÓMEZ

SOBRE LA PRIVACIÓN DE LA LIBERTAD POR MOTIVOS DE DISCAPACIDAD

La cuestión de los internamientos involuntarios

uc3m | Universidad Carlos III de Madrid
Instituto de Derechos Humanos
Gregorio Peces-Barba

Dykinson, S.L.

Los trabajos publicados en esta colección han sido sometidos a un proceso de evaluación anónima, de acuerdo con los criterios empleados en la comunidad científica.

Los originales, en los que no deberá figurar la identidad del autor, deben ser enviados a la siguiente dirección electrónica: miguelangel.ramiro@uah.es.
Deberá adjuntarse un curriculum vitae del autor. Todos los documentos deberán enviarse en formato Word

Editorial DYKINSON, S.L. Meléndez Valdés, 61 - 28015 Madrid
Teléfono (+34) 91 544 28 46 - (+34) 91 544 28 69
e-mail: info@dykinson.com
http://www.dykinson.es
http://www.dykinson.com

ISBN: 978-84-9148-954-2
Depósito Legal: M-42189-2018

Preimpresión por:
Besing Servicios Gráficos S.L.
e-mail: besingsg@gmail.com

Para Lara, mi hermana. Por estar.

Busco un mundo mejor y escarbo en un cajón
por si aparece entre mis cosas

Extremoduro. Primer Movimiento. El sueño. La Ley innata

ÍNDICE

INTRODUCCIÓN[1]

El derecho a la libertad y la seguridad[2] es un derecho humano de importancia central que protege a las personas de privaciones ilegales y arbitrarias de su libertad[3]. Este derecho ha sido extensamente reconocido en diversos instrumentos internacionales generales[4] en disposiciones que, por su presunta naturaleza universal, protegen también, al menos teóricamente, a las personas con discapacidad[5].

---

1 Este trabajo se ha desarrollado en el contexto del proyecto Acceso a la justicia y vulnerabilidad. PID2019-108918GB-I00 Proyecto de I+D+I financiado por el Ministerio de Ciencia e Innovación, en el marco de los Programas Estatales de Generación de conocimiento y Fortalecimiento Científico y Tecnológico del Sistema de I+D+I y de I+D+I Orientada a los retos de la sociedad.

2 Según el Comité de Derechos Humanos la libertad personal se refiere a la ausencia de confinamiento físico, mientras que la seguridad personal se refiere a la protección contra lesiones físicas o psicológicas y de la integridad física y moral, *Comentario General N°35*, CCPR /C/GC/35, 2014, para. 3.

3 BIEL, I. y SMITH, R.K.M., *Textbook on International Human Rights*, Oxford University Press, Nueva York, 2007.

4 Por ejemplo, en el artículo 3 de la *Declaración Universal de los Derechos Humanos* o en el artículo 9 del *Pacto Internacional de Derechos Civiles y Políticos*.

5 Vid. sobre la aplicabilidad de los tratados de derechos humanos generales de Naciones Unidas a las personas con discapacidad QUINN, G. y DEGENER, T., *Derechos Humanos y Discapacidad. Uso actual y posibilidades futuras de los instrumentos de derechos humanos de las Naciones Unidas en el contexto de la discapacidad*, Documento Naciones Unidas HR/PUB/02/1, Nueva York y Ginebra, 2002, disponible en: *http://www.ohchr.org/EN/HRBodies/Documents/Disability/disability_sp.doc* (última consulta 2 de julio de 2020). En relación con el derecho a la libertad y a la seguridad personales el Comité de Derechos Humanos en su *Observación General N°8*, HRI/GEN/1/Rev.7, 1982 aclaró que el párrafo 1 del artículo 9, que prohíbe la detención o prisión arbitrarias y exige que la privación de la libertad se realice por "causas fijadas por ley y con arreglo al procedimiento establecido en ésta", es aplicable a todas las formas de privación libertad "ya sea como consecuencia de un delito o de otras razones" como, por ejemplo, "las enfermedades mentales".

Sin embargo, y al igual que sucede con otros derechos, esta regulación genérica se ha venido mostrando insuficiente para asegurar la protección de la libertad de las personas con discapacidad en igualdad de condiciones con las demás. Como ha denunciado la ex Relatora Especial sobre los Derechos de las Personas con Discapacidad, Catalina Devandas, las personas con discapacidad experimentan niveles desproporcionadamente altos de privación de la libertad a escala global, independientemente del grado de desarrollo socioeconómico de los países y de su tradición jurídica. Así, las personas con discapacidad están habitualmente sobrerrepresentadas en los entornos generales u ordinarios de privación de la libertad, entre ellos en las prisiones o en los centros de internamiento de extranjeros. Pero, además, se ven sometidas a regímenes particulares de privación de la libertad específicamente diseñados para ellas[6].

Ciertamente, la inmensa mayoría de los ordenamientos jurídicos nacionales[7] incluyen regulaciones que establecen formas especiales de privación de la libertad aplicables sobre la base de la existencia de una discapacidad real o percibida (y, singularmente, sobre la base de una discapacidad intelectual, psicosocial o de otras discapacidades cognitivas). Entre las formas más extendidas de privación de la libertad específicas para las personas discapacidad se encuentra el internamiento forzoso o involuntario en centros de salud mental o en instituciones asistenciales[8], medida habitualmente justificada en la pro-

---

[6] Vid. el estudio temático sobre las formas específicas de privación de la libertad realizado por la ex Relatora Especial sobre los derechos de las personas con discapacidad incluido en su informe, A/HRC/40/54, 2019, paras. 12-14.

[7] Como señala la Oficina del Alto Comisionado de Derechos Humanos de Naciones Unidas en la *Background Note* publicada como resultado del encuentro de expertas celebrado en septiembre de 2015, todas las legislaciones domésticas revisadas permitían la privación de la libertad basada en la discapacidad. Puede consultarse esta nota y las conclusiones y recomendaciones de este encuentro en https://www.ohchr.org/EN/Issues/Disability/Pages/deprivationofliberty.aspx. (última consulta 31 de julio de 2020).

[8] A estas formas hay que sumar, además, las respuestas especializadas que los sistemas penales articulan en relación con las personas declaradas incapaces de participar como acusadas en un juicio, consideradas exentas de responsabilidad criminal o afectadas por otros mecanismos de desviación del sistema penal general. Asimismo, cabe mencionar la privación de la libertad de las personas con discapacidad ya no en instituciones, sino en la propia comunidad, incluyendo el confinamiento en el hogar. Vid. sobre estas situaciones el estudio temático sobre las formas específicas de privación de la libertad realizado por la ex Relatora Especial sobre los derechos de las personas con discapacidad antes citado y FLYNN, E., PINILLA-ROCANCIO, M. y GÓMEZ-CARRILLO DE CASTRO, M., *Disability-specific forms of deprivation of liberty*, 2019, disponible en https://www.nuigalway.ie/centre-disability-law-policy/research/projects/completed/dfid/ (última consulta 31 de julio de 2020).

tección de las propias personas con discapacidad, en la atención de sus necesidades médicas y/o de cuidado o en la protección de los derechos de terceras personas.

En el contexto de la limitación de la libertad bajo estas modalidades específicas se ha normalizado el empleo de prácticas coercitivas –tales como los tratamientos médicos no consentidos, entre ellos, la administración forzosa de fármacos, la aplicación de contenciones mecánicas y psíquicas, incluida la terapia electroconvulsiva, el empleo de medidas aislamiento etc.– que implican, asimismo, restricciones de otros derechos. La situación de extrema vulnerabilidad en la que se coloca a las personas con discapacidad afectadas por estas formas especiales de privación de la libertad supone su exposición a un mayor riesgo de sufrir violencia, abuso y explotación, incluidas la explotación sexual y la trata, o de ser víctimas de prácticas como las esterilizaciones forzosas. Y, además, las personas sometidas a medidas de internamiento involuntario encuentran serios obstáculos para recurrir ante la justicia, entre otras razones, porque sus situaciones de confinamiento no siempre han sido percibidas, reconocidas y tratadas como auténticas situaciones de privación de la libertad –con lo cual han escapado de la vigilancia de las instituciones nacionales competentes en esta materia– y porque en muchas ocasiones los internamientos forzosos llevan aparejada la privación formal o de facto de la capacidad jurídica de las personas afectadas, lo que les impide recurrir por sí mismas ante los tribunales[9].

Los regímenes de privación de la libertad basados en la discapacidad no sólo están ampliamente extendidos en las legislaciones nacionales, sino que han venido siendo amparados, de manera no demasiado problemática, por los propios sistemas internacionales de protección de los derechos humanos. En efecto, aunque con la excepción de la Convención Europea de Derechos Humanos[10], los tratados internacionales de derechos humanos no contemplan

[9] Vid. Relatora Especial sobre los derechos de las personas con discapacidad, A/HRC/40/54, cit., para. 24. Ciertamente, como ha subrayado el Comité de Derechos Humanos, *Comentario General N°35*, cit., para. 2. con carácter general, "la libertad y la seguridad personales son valiosas por sí mismas y también porque su privación ha sido históricamente un medio fundamental para obstaculizar el disfrute de otros derechos".

[10] El art. 5.1.e de la *Convención Europea de Derechos Humanos* permite la privación de la libertad de un "enajenado". Vid. sobre la tensión entre esta previsión y la *Convención Internacional sobre los Derechos de las Personas con Discapacidad*, FLYNN, E., "Disability, Deprivation of Liberty and Human Rights Norms", *International Journal of Mental Health and Capacity Law*, n°22, 2016, pp. 75-101.

expresamente restricciones del derecho a la libertad basadas en la discapacidad o las deficiencias sus órganos de garantía han aceptado y justificado estas limitaciones[11].

Este panorama cambia radicalmente con la adopción de la *Convención Internacional sobre los Derechos de las Personas con Discapacidad* (en adelante CDPD o la Convención) que considera que la aplicación efectiva y equitativa del derecho a la libertad en el contexto de la discapacidad exige, entre otras cosas, garantizar que la discapacidad no pueda considerarse en ningún caso una razón que justifique la privación de la libertad. Esta garantía supone la prohibición de la privación de la libertad por motivos de discapacidad y, por ende, el rechazo de las formas específicas de privación de la libertad basadas en la discapacidad y las deficiencias. El art. 14 incorpora, así, un nuevo estándar en la protección del derecho a la libertad que desafía la comprensión dominante de este derecho en el ámbito de la discapacidad y cuestiona directamente las legislaciones y prácticas preexistentes en la materia[12].

En este contexto, el objetivo del presente trabajo consiste en determinar el alcance y las implicaciones de este nuevo estándar y, en particular, estudiar su impacto en la admisibilidad del internamiento forzoso en instituciones de salud mental o de asistencia social que, como antes se señaló, constituye una de las formas de limitación del derecho a la libertad de las personas con discapacidad más comunes y aceptadas.

Como se explicará en el primero de sus Capítulos, la prohibición de la privación de la libertad por motivos de discapacidad debe ser entendida –tal y como ha manifestado de manera rotunda el Comité sobre los Derechos de las Personas con Discapacidad, órgano de garantía de la Convención– como una prohibición absoluta, lo que conlleva la necesaria abolición de la figura del internamiento involuntario, conclusión que se ve reforzada –como también ha remarcado el Comité– desde la interpretación del art. 14 en conexión con otros derechos reconocidos a lo largo del texto de la Convención.

Sin embargo, esta posición dista de ser unánimemente compartida por la doctrina, por las partes interesadas y, en particular, por los mecanismos de los

[11] Relatora Especial sobre los derechos de las personas con discapacidad, A/HRC/40/54, cit., para. 42.

[12] En efecto, como ha señalado la ex Relatora Especial sobre los derechos de las personas con discapacidad, A/HRC/40/54, cit., para. 43, la adopción de la Convención representó un hito en el reconocimiento del derecho a la libertad y a la seguridad de las personas con discapacidad.

sistemas internacionales y regionales de protección de los derechos humanos. Ciertamente, como se pondrá de relieve en el segundo de los Capítulos de este estudio, tras la adopción de la CDPD algunos órganos de tratados y procedimientos especiales de Naciones Unidas, el Tribunal Europeo de Derechos Humanos y el Comité de Bioética del Consejo de Europa han continuado justificando el internamiento involuntario como una medida legítima en determinadas circunstancias.

Asimismo, y en parte como consecuencia de los desacuerdos antes mencionados, la implementación de la prohibición de privación de la libertad por motivos de discapacidad en los sistemas jurídicos nacionales está topando con fuertes resistencias. Mientras que en los últimos años se han dado pasos importantes en la adaptación de las legislaciones domésticas al art. 12 de la Convención, relativo al ejercicio de la capacidad jurídica de las personas con discapacidad e igualmente revolucionario, no se puede decir lo mismo del art. 14 –conectado estrechamente, según después se comprobará, con los aspectos más controvertidos del art. 12[13]– que no ha sido incorporado en prácticamente ninguna de las reformas legislativas emprendidas hasta la fecha por los Estados parte de la Convención. Esto es lo que ha sucedido también en España donde, como se explicará en el Capítulo tercero, tras la adopción de la Convención se ha mantenido la figura del internamiento involuntario en el art. 763 de la *Ley de Enjuiciamiento Civil* a pesar de la insistencia del Comité sobre los Derechos de las Personas con Discapacidad en la necesidad de su derogación.

En el último de los Capítulos de este trabajo se identificarán algunas de las claves para la adecuada implementación de la prohibición de la privación de la libertad por motivos de discapacidad. Como se comprobará, la plena materialización del art. 14 de la Convención no requiere simplemente la abolición de los marcos legales que permiten formas específicas de privación de la libertad justificadas en la discapacidad, y, por tanto, de las previsiones que regulan el internamiento involuntario, sino que exige también otros cambios normativos, políticos y sociales.

Aunque tenía muy avanzado este trabajo hace algún tiempo la proliferación de posicionamientos desde instancias especializadas sobre la cuestión, además de la carga habitual de trabajo en la Universidad, han ido retrasan-

---

[13] DOYLE GUILLOUD, S., "Charting a path to the provision of non-coercive mental healthcare: the roots and branches of universal legal capacity and the support paradigm", Oñati International Institute for the Sociology of Law, 2019, p. 1.

do su publicación. Ello ha supuesto que su redacción final haya coincidido con la pandemia provocada por el virus COVID-19 que ha generalizado la aplicación de distintas medidas de "confinamiento" justificadas en razones de salud pública. Si bien este tema no será objeto de tratamiento específico en el presente trabajo, en sus páginas pueden encontrarse alguna reflexión puntual sobre ciertas semejanzas y diferencias entre determinadas limitaciones a la libertad relacionadas con la pandemia que estamos viviendo y los internamientos involuntarios de las personas con discapacidad. Este tema se abordó en una Jornada organizada a iniciativa de Rafael de Asís, en la que tuve el placer de participar junto con Miguel Ángel Ramiro. A Alessandro Di Rossa le agradezco también los comentarios realizados sobre el contenido de mi trabajo en esta Jornada.

Rafael de Asís y María del Carmen han encontrado tiempo –como siempre– para leer íntegro este trabajo, a pesar de las ocupaciones habituales y la carga adicional derivada de la pandemia. Para mí es un placer y un incentivo trabajar junto a ellos y junto a todo el equipo que conforma el Instituto de Derechos Humanos Gregorio Peces-Barba (gracias en especial a Javier Ansuátegui, Ángel Llamas y Javier Dorado por hacerme más llevadero el día a día en los momentos difíciles).

Finalmente, mi labor académica en el ámbito de los derechos de las personas con discapacidad no sería la misma sin el contacto con el movimiento asociativo y, en este sentido, quisiera agradecer en particular a Jesús Martín, Delegado del CERMI estatal para los Derechos Humanos, y a Inés de Araoz, Asesora jurídica de Plena Inclusión, no sólo su impulso para abordar temas novedosos que suponen retos y desafíos en este campo, sino también la amistad que hemos forjado en este tiempo (seguimos teniendo pendientes esas cañas para celebrar los triunfos de estos meses en cuanto nos deje la pandemia).

Mi familia ya sabe lo importante que es para mí en todo lo que hago. El trabajo esta vez se lo dedico a mi hermana Lara por estar siempre a mi lado en las buenas, en las no tan buenas y en las peores. Por los momentos felices que están por venir y que seguro disfrutaremos (y bailaremos) juntas.

Capítulo 1
La prohibición de la privación de la libertad por motivos de discapacidad y de los internamientos involuntarios a la luz de la Convención Internacional sobre los Derechos de las Personas con Discapacidad

Como se señaló en la introducción, las personas con discapacidad y, singularmente, las personas con discapacidad psicosocial, con discapacidad intelectual y con otros tipos de discapacidad de carácter cognitivo se ven afectadas por modalidades especiales de privación de la libertad distintas de las modalidades ordinarias aplicables a la población en general.

El internamiento involuntario en instituciones de salud mental es la forma más reconocida de privación específica de la libertad basada en la discapacidad regulada expresamente en el plano de los ordenamientos jurídicos nacionales en leyes especiales de salud mental o en previsiones particulares incluidas en la legislación sanitaria general o en las leyes procesales civiles. En todo caso, es importante tener en cuenta que los internamientos involuntarios de personas con discapacidad no consisten únicamente en ingresos sin consentimiento en centros de salud mental sino que, junto a estas situaciones, se producen también de forma habitual internamientos igualmente no voluntarios en instituciones de cuidado y asistencia social, esto es, institucionalizaciones forzosas de personas con discapacidad en entornos que no son médicos u hospitalarios y que no tienen un fin específicamente o principalmente terapéutico. Este tipo de internamientos de carácter más asistencial usualmente carecen de una regulación específica en los sistemas jurídicos domésticos y, con carácter general, no son considerados como auténticas privaciones de la libertad, sino meramente como una forma de cuidado[14], por lo que se trata de prácticas que comúnmente han permanecido invisibilizadas.

Pues bien, el presente Capítulo pretende analizar el sentido y alcance de la prohibición de la privación de la libertad por motivos de discapacidad incorporada en el art. 14 de la *Convención Internacional sobre los Derechos de las Personas con Discapacidad* y determinar en qué medida esta prohibición –tal y como ha sido interpretada por el Comité sobre los Derechos de las Personas con Discapacidad y en estrecha interconexión con otros derechos– desafía la legitimidad de la figura del internamiento involuntario. Con carácter previo a este análisis se presentarán algunos de los aspectos y dimensiones clave de la CDPD que contribuyen a la mejor comprensión de la regulación que este tratado internacional realiza del derecho a la libertad y a la seguridad de las personas con discapacidad y a la adecuada determinación de las claves para su apropiada implementación.

1.1. LA NUEVA VISIÓN DE LA DISCAPACIDAD EN LA CONVENCIÓN

La CDPD adoptada el 13 de diciembre de 2006 por la Asamblea General de Naciones Unidas y en vigor desde el 3 de mayo de 2008 es el primer tratado del sistema de protección de derechos de Naciones Unidas que protege específicamente a las personas con discapacidad. Como antes se indicó, dicha Convención supone un cambio de paradigma fundamental en el tratamiento de la discapacidad desde la perspectiva asistencialista y el modelo médico hacia el enfoque de derechos y el modelo social[15].

---

[14] FLYNN, E.; PINILLA-ROCANCIO, M. y GÓMEZ-CARRILLO DE CASTRO, M. *Disability-specific forms of deprivation of liberty*, cit., p. 35. La toma de conciencia de que, en efecto, estas institucionalizaciones forzosas suponen, también, limitaciones al derecho a la libertad ha supuesto en algunos sistemas la progresiva aplicación a estos internamientos "asistenciales" de las mismas previsiones y garantías establecidas para los internamientos "psiquiátricos".

[15] Vid. sobre estos elementos los trabajos de PALACIOS A. y BARIFFI, F., *La discapacidad como una cuestión de derechos humanos. Una aproximación a la Convención Internacional sobre los derechos de las personas con discapacidad*, Cinca, Colección Telefónica Accesible, Madrid, 2007 y PALACIOS, A., *El modelo social de discapacidad: orígenes, caracterización y plasmación en la Convención Internacional sobre los derechos de las personas*

La aproximación a la discapacidad desde un enfoque de derechos humanos implica entender que las personas con discapacidad no deben ser contempladas como objetos de protección, asistencia y cuidado, sino como auténticos sujetos plenos y activos de derechos humanos[16]. Así, este enfoque exige que las intervenciones en el campo de la discapacidad dejen de estar basadas en perspectivas asociadas a la caridad o a la beneficencia y se orienten a proteger y garantizar los derechos de las personas con discapacidad. Este es, precisamente, el propósito de la CDPD enunciado en su art. 1: "*promover, proteger y asegurar el goce pleno y en condiciones de igualdad de todos los derechos humanos y libertades fundamentales por todas las personas con discapacidad, y promover el respeto de su dignidad inherente*".

Por su parte, el modelo social de tratamiento de la discapacidad rechaza la concepción de la discapacidad propia del modelo médico-rehabilitador exclusivamente como una condición o rasgo de la persona derivado de la existencia de determinadas deficiencias o anomalías que hay que combatir a través de medidas y actuaciones destinadas a rehabilitar o curar a las personas que las "padecen"[17]. Por el contrario, el modelo social considera que la discapacidad es una situación derivada de estructuras y condicionamientos sociales y de hábitos mentales que son los que deben ser objeto de revisión.

En este sentido, resulta esencial llamar la atención sobre la estrecha conexión existente entre el modelo social y el enfoque de derechos[18]. En efecto, desde la filosofía del modelo médico la normalización de la persona se entiende como el pasaporte para vivir una vida plena en sociedad y, por ende, como una condición imprescindible para que las personas con discapacidad puedan ejercer y disfrutar sus derechos en condiciones de igualdad. De este modo, las limitaciones que las personas con discapacidad que no logran superar sus "desviaciones" encuentran para participar plenamente en la comunidad y las

---

con discapacidad, Colección CERMI, Ediciones Cinca, Madrid, 2008; Vid. también DE ASÍS ROIG, R., *Sobre discapacidad y derechos*, Dykinson, Madrid, 2013.

16 Vid., además de los trabajos citados en la nota anterior, QUINN, G. y DEGENER, T., *Discapacidad y Derechos Humanos*, cit., p. 11 y LAWSON, A., "The United Nations Convention on the Rights of Persons with Disabilities. New Era or False Dawn?"?", *Syracuse Journal of International Law and Commerce*, nº 34, 2007, pp. 563-619.

17 Vid. sobre la diferencia entre estos modelos, PALACIOS, A., *El modelo social de tratamiento de la discapacidad*, cit.; OLIVER, M., *Understanding Disability. From theory to practice*, Palgrave, Malasia, 1996 y BARNES, C. y MERCER, G., *Disability*, Polity Press, Cambridge, 2003.

18 Vid., entre otros, DE ASÍS ROIG, R., *Sobre discapacidad y derechos*, ya citado.

restricciones que sufren en el ejercicio y disfrute de sus derechos se aceptan y justifican como una consecuencia natural e inevitable que se imputa a sus propias deficiencias individuales[19]. Frente a esta visión, el modelo social desvela que dichas limitaciones y restricciones son más bien el resultado del diseño de las estructuras de la vida social y de las propias condiciones de ejercicio de los derechos desde un patrón de normalidad, artificialmente construido y producto de relaciones de poder, que genera barreras para las personas con discapacidad que no encajan en el modelo de ciudadano estándar. De acuerdo con la filosofía del modelo social, estas situaciones pasan a concebirse como supuestos de discriminación y de vulneración de derechos cuya erradicación se convierte en una responsabilidad colectiva[20].

Desde su Preámbulo (inciso k) la CDPD insiste en la vinculación existente entre las barreras sociales y actitudinales y las situaciones de vulneración o insatisfacción de los derechos que sufren las personas con discapacidad. En esta línea el art. 1.2 de la Convención señala que "*las personas con discapacidad incluyen a aquellas que tengan deficiencias físicas, mentales, intelectuales o sensoriales a largo plazo que, al interactuar con diversas barreras, puedan impedir su participación plena y efectiva en la sociedad, en igualdad de condiciones con las demás*".

---

[19] Como señala LAWSON, A., "The United Nations Convention on the Rights of Persons with Disabilities", cit., p. 584 "incluso cuando la exclusión y la humillación son detectadas aquellos que conciben la discapacidad en un sentido médico o individual es poco probable que reconozcan que tal marginación implica alguna violación de los derechos humanos. Es probable que se atribuya a la deficiencia de las personas discapacitadas". Por ello, como he señalado en otros trabajos, CUENCA GÓMEZ, P., *Los derechos fundamentales de las personas con discapacidad,* Universidad de Alcalá-Defensor del Pueblo, Madrid, 2012, p. 19, la pervivencia del modelo médico o, al menos, la de algunos de sus presupuestos tanto en la política nacional como en el plano internacional es uno de los principales factores que explican que las personas con discapacidad hayan sido sujetos invisibles en el ámbito de los derechos humanos, que su reconocimiento como titulares de derechos haya sido hasta épocas muy recientes más retórico que real, que la desigualdad patente de este colectivo no se haya traducido hasta hace escaso tiempo en la adopción de normativas y políticas antidiscriminatorias, que las protecciones jurídicas generales existentes y teóricamente aplicables para amparar los derechos de todos los individuos se hayan dejado de lado o se hayan aplicado de manera menos rigurosa en el caso de las personas con discapacidad y, en conclusión, que no se haya tomado conciencia de la contradicción palmaria entre los valores que presiden la teoría de los derechos humanos y su aplicación (o más bien su falta de aplicación o su aplicación incorrecta) en el contexto de la discapacidad.

[20] Idem, pp. 20 y ss.

El art. 3 de la Convención recoge una serie de principios generales que reflejan, asimismo, el enfoque de derechos y el modelo social. Estos principios operan como guía en la interpretación y aplicación de los distintos derechos recogidos a lo largo de su articulado y adquieren una importancia central en la evaluación de la conformidad de las legislaciones nacionales con las exigencias de la Convención[21].

El primer principio recogido en el inciso a) del art. 3 incide en el valor de la dignidad humana que proclama como inherente –esto es, como un atributo desvinculado de la posesión de unas u otras capacidades– y que relaciona con la autonomía, la independencia y la libertad de tomar las propias decisiones. Este principio, si bien se proyecta en cada uno de los derechos que la Convención recoge, se ve especialmente plasmado en su art. 12 que reconoce el derecho al igual reconocimiento como persona ante la ley[22] y en su art. 19 que reconoce el derecho de las personas con discapacidad a vivir de forma independiente y ser incluidas en la comunidad[23].

Asimismo, el art. 3 recoge como otro principio clave en la aplicación de la Convención: el principio de igualdad y no discriminación. La perspectiva de la igualdad y la no discriminación tiene también una aplicación transversal a lo largo de la Convención siendo reconocida, además de como un principio en

---

[21] LORD, J.E. y STEIN, M. A., "The domestic incorporation of Humans Rights Law and the United Nations Convention on the Rights of Persons with Disabilities", *Washington Law Review*, nº 83, vol.4, 2008, pp. 449-479, pp. 460 y ss.

[22] Vid. sobre el art. 12 de la Convención, Comité sobre los Derechos de las Personas con Discapacidad, *Observación General Nº. 1: Artículo 12, Igual reconocimiento como persona ante la ley,* CRPD/C/GC/1, 2014, disponible en http://www.ohchr.org/EN/HRBodies/CRPD/Pages/GC.aspx (última consulta 15 de julio de 2020). Sobre el sentido de este precepto y su impacto en el sistema jurídico español Vid. CUENCA GÓMEZ, P., "La capacidad jurídica de las personas con discapacidad en el artículo 12 de la Convención de la ONU y su impacto en el ordenamiento jurídico español", *Derechos y Libertades,* nº 24, 2011, pp. 221-257 y CUENCA GÓMEZ, P., "El sistema de apoyo en la toma de decisiones desde la Convención Internacional sobre los Derechos de las Personas con Discapacidad: principios generales, aspectos centrales e implementación en la legislación española", *Revista electrónica del Departamento de Derecho de la Universidad de La Rioja, REDUR,* nº 10, 2012, pp. 61-94.

[23] Vid. sobre el art. 19 de la Convención, Comité sobre los Derechos de las Personas con Discapacidad, *Observación General Nº 5: Artículo 19. Derecho a vivir de forma independiente y a ser incluido en la comunidad,* CRPD/C/GC, 2017, disponible en https://tbinternet.ohchr.org/_layouts/treatybodyexternal/Download.aspx?symbolno=CRPD/C/GC/5&Lang=en, (última consulta 15 de julio de 2020). Vid. sobre este artículo y su impacto en el ordenamiento jurídico español BARRANCO AVILÉS, M.C., (coord.), *Situaciones de dependencia, discapacidad y derechos,* Dykinson, Madrid, 2011.

este art. 3, como parte de los contenidos de las obligaciones de los Estados en el art. 4 y como un auténtico derecho en el art. 5[24] en el que se establece:

> *"1. Los Estados Partes reconocen que todas las personas son iguales ante la ley y en virtud de ella y que tienen derecho a igual protección legal y a beneficiarse de la ley en igual medida sin discriminación alguna.*
>
> *2. Los Estados Partes prohibirán toda discriminación por motivos de discapacidad y garantizarán a todas las personas con discapacidad protección legal igual y efectiva contra la discriminación por cualquier motivo.*
>
> *3. A fin de promover la igualdad y eliminar la discriminación, los Estados Partes adoptarán todas las medidas pertinentes para asegurar la realización de ajustes razonables.*
>
> *4. No se considerarán discriminatorias, en virtud de la presente Convención, las medidas específicas que sean necesarias para acelerar o lograr la igualdad de hecho de las personas con discapacidad".*

Importa tener en cuenta que el modelo de igualdad presente en la Convención es un modelo complejo que combina la igualdad formal con la igualdad sustantiva[25]. En este sentido el principio de igualdad implica, de un lado, la estrategia de la equiparación que reclama la igualdad de trato y, por ende, la eliminación de diferencias arbitrarias impidiendo que la discapacidad pueda ser considerada un fundamento válido para limitar la participación en la vida social, para denegar o para restringir derechos. Ahora bien, de otro lado, el modelo de la Convención supone también la estrategia de la diferenciación que demanda que la discapacidad sea tenida en cuenta como una situación relevante para justificar tratamientos distintos consistentes, entre otras cosas, en la adopción de medidas específicas y en la articulación de preferencias –conocidas como medidas de acción positiva– destinadas a paliar las especiales di-

---

[24] PALACIOS, A., "La progresiva recepción del modelo social de discapacidad en la legislación española" en PÉREZ BUENO, L. C., (dir.) y SASTRE, A., (coord.), *Hacia un Derecho de la Discapacidad, Estudios en Homenaje a Rafael de Lorenzo,* Thomson Reuters Aranzadi, Pamplona, 2009, pp. 77-114, p. 108.

[25] Vid. Comité sobre los Derechos de las Personas con Discapacidad, *Observación General N°. 6. Artículo 5: Igualdad y No discriminación,* CRPD/C/GC/6, 2018, paras. 10 y 11, disponible en https://tbinternet.ohchr.org/_layouts/treatybodyexternal/Download.aspx?symbolno=CRPD/C/GC/6&Lang=en. (última consulta 15 de julio de 2020).

ficultades que las personas con discapacidad encuentran para su participación plena en la vida social y el ejercicio y disfrute de sus derechos[26].

En conexión con este concepto complejo de igualdad la Convención maneja también un concepto amplio de discriminación. Así, la discriminación por motivos de discapacidad –prohibida expresamente en el art. 5 de la Convención– se define en el art. 2 como "*cualquier distinción, exclusión o restricción por motivos de discapacidad que tenga el propósito o el efecto de obstaculizar o dejar sin efecto el reconocimiento, goce o ejercicio, en condiciones de igualdad, de todos los derechos humanos y libertades fundamentales en los ámbitos político, económico, social, cultural, civil o de otro tipo. Incluye todas las formas de discriminación, entre ellas, la denegación de ajustes razonables*". La Convención, por tanto, y tal como se desprende del *Comentario General No. 6* del Comité sobre los Derechos de las Personas con Discapacidad prohíbe la discriminación directa, la discriminación indirecta, la discriminación estructural, la discriminación por indiferenciación, la discriminación múltiple e interseccional y la discriminación por asociación.

El art. 3 de la Convención se refiere en su inciso c) a "*la participación e inclusión plenas y efectivas en la sociedad*". Con la proclamación de este principio la Convención rechaza la visión tradicional de la integración propia del modelo médico según la cual es la persona con discapacidad quien debe amoldarse a los modos, maneras, patrones, y valores sociales dominantes previamente existentes. Frente a esta vieja concepción, que conduce a la asimilación, la Convención, de acuerdo con el modelo social, aboga por la inclusión[27] partiendo del respeto de la diferencia y la aceptación de la discapacidad como parte de la diversidad y la condición humana –tal y como reconoce expresamente el principio recogido en el inciso d) del propio art. 3[28]– exigiendo transformaciones y reestructuraciones profundas del sistema social. La perspectiva de la inclusión se aleja, por tanto, del viejo paradigma que justifica la segregación o separación en entornos especiales de las personas con discapacidad que

---

26 Vid. sobre la igualdad como equiparación y como diferenciación DE ASÍS ROIG. R., "La igualdad en el discurso de los derechos" en LÓPEZ GARCÍA, J.A. y DEL REAL ALCALÁ, A. (eds.), *Los derechos.: entre la ética, el poder y el derecho*, Dykinson, Madrid, 2000, pp. 149-168.

27 Vid. sobre la diferencia entre la vieja visión de la integración y la nueva concepción de la inclusión, OLIVER, M., *Understanding Disability*, cit., p. 92.

28 Precisamente, el inciso d) del art. 3 reconoce como otro de los principios que guían la Convención "*El respeto por la diferencia y la aceptación de las personas con discapacidad como parte de la diversidad y la condición humanas*".

no logran "normalizarse" y requiere la organización de las estructuras de la vida social de tal forma que se posibilite su participación en todos los ámbitos, así como el goce efectivo de todos sus derechos.

El principio de accesibilidad universal, mencionado en el inciso f del art. 3, resulta esencial para la construcción de una sociedad inclusiva[29] y se contempla en la Convención no sólo como una cuestión de entorno –en sentido amplio– sino, además, como una condición imprescindible para el ejercicio y disfrute de todos los derechos[30] vinculándose con la igualdad de oportunidades, la vida independiente, y la participación en la vida social[31]. Desde esta premisa el art. 9 de la Convención establece que los Estados parte deberán adoptar medidas apropiadas para asegurar el acceso de las personas con discapacidad, en igualdad de condiciones con las demás, al entorno físico, el transporte, la información y las comunicaciones, incluidos los sistemas y las tecnologías de la información y las comunicaciones, y a otros servicios e instalaciones abiertas al público o de uso público, tanto en zonas urbanas como rurales[32]. Estas medidas, incluirán la identificación y eliminación de obstáculos y barreras de acceso en toda una serie de ámbitos. De acuerdo con el modelo de la Convención la accesibilidad debe garantizarse, en primer lugar, a través de estrategias generales que consisten en el diseño en origen o en el rediseño ex post de los bienes, entornos, programas, productos, servicios, dispositivos, herramientas etc. –y de los propios derechos– de manera tal que todas las personas puedan disfrutarlos, sin necesidad de adaptación específica (art. 2). Cuando estas estrategias generales no son posibles deben realizarse ajustes razonables concebidos como medidas de adaptación individuales orientadas a lograr la accesibilidad en situaciones particulares[33].

---

[29] Vid. DE ASÍS ROIG, R., *Sobre discapacidad y derechos,* cit.

[30] La Convención en su Preámbulo reconoce la importancia de la accesibilidad *"para que las personas con discapacidad puedan gozar plenamente de todos los derechos humanos y las libertades fundamentales"*.

[31] Vid. DE ASÍS ROIG, R., *Sobre discapacidad y derechos,* cit.

[32] Vid. sobre este artículo Comité sobre los Derechos de las Personas con Discapacidad, *Observación General Nº 2 Artículo 9. Accesibilidad,* CRPD/C/GC/2, 2014, disponible en https://tbinternet.ohchr.org/_layouts/treatybodyexternal/Download.aspx?symbolno=CRPD/C/GC/2&Lang=en (última consulta 15 de julio de 2020).

[33] PÉREZ BUENO, L.C., "La configuración jurídica de los ajustes razonables", disponible en http://www.coag.es/informacion/novedades/arquivos/la-configuracion-juridica-de-los-ajustes-razonables.pdf (última consulta15 de julio de 2020).La Convención define los ajustes razonables en su art. 2 como "*las modificaciones y adaptaciones necesarias y adecuadas, que no impongan una carga desproporcionada o indebida, cuando se requieran en un caso particu-*

La Convención presta, además, especial atención a la accesibilidad actitudinal consciente de la incidencia de las barreras derivadas de la percepción social de las personas con discapacidad en la pervivencia y persistencia de las conductas discriminatorias. Así, en su artículo 8 relativo a la "toma de conciencia" la Convención recoge la obligación de los Estados de adoptar medidas inmediatas, efectivas y pertinentes para *"a) Sensibilizar a la sociedad, incluso a nivel familiar, para que tome mayor conciencia respecto de las personas con discapacidad y fomentar el respeto de los derechos y la dignidad de estas personas; b) Luchar contra los estereotipos, los prejuicios y las prácticas nocivas respecto de las personas con discapacidad, incluidos los que se basan en el género o la edad, en todos los ámbitos de la vida; c) Promover la toma de conciencia respecto de las capacidades y aportaciones de las personas con discapacidad".*

Por último, el artículo 3 se refiere al principio de la igualdad entre el hombre y la mujer[34] (inciso g), acabando con la invisibilidad de las mujeres con discapacidad en el ámbito del sistema universal de protección de los derechos humanos y al principio del respeto a la evolución de las facultades de los niños y las niñas con discapacidad y a su derecho a preservar su identidad (inciso h) que plasma la importancia que el modelo social concede a las capacidades evolutivas[35].

La nueva visión de la discapacidad presente en la Convención se plasma también en la estrategia de regulación de los derechos que este instrumento asume. A lo largo de su articulado la Convención contempla un catálogo muy amplio de derechos –individuales y civiles, políticos y económicos, sociales y

---

lar, para garantizar a las personas con discapacidad el goce o ejercicio, en igualdad de condiciones con las demás, de todos los derechos humanos y libertades fundamentales" y, según se ha indicado, considera que su denegación constituye una forma discriminación por motivos de discapacidad.

34 Ciertamente, las mujeres con discapacidad no habían sido mencionadas en la Convención sobre la Eliminación de Todas las Formas de Discriminación contra la Mujer. La CDPD aborda su tratamiento desde un doble enfoque que combina la existencia de un artículo específico con la transversalidad, que exige la inclusión de la perspectiva de género en la regulación de los derechos en los que sea pertinente.

35 PALACIOS, A., *El modelo social de discapacidad*, cit., pp. 367 y ss. Este principio se relaciona, de un lado, con la protección que la Convención otorga a los niños y las niñas con discapacidad en la que asume el mismo doble enfoque adoptado en el tratamiento del género. Pero se vincula, también, con los principios de dignidad, autonomía e independencia, con el derecho a vivir de forma independiente y a ser incluido en la comunidad, proyectado en la infancia, y con otros derechos, particularmente con el derecho a la educación, Idem, pp. 275 y 276.

culturales estrechamente conectados, cuestión en la que después se insistirá– la mayoría de ellos ya reconocidos previamente en otros tratados de derechos humanos tratando de precisar su sentido y alcance en el contexto de la discapacidad y adaptando sus contenidos, garantías y condiciones de ejercicio a la situación, circunstancias y experiencias de las personas con discapacidad en aras de lograr su efectivo disfrute en igualdad de condiciones[36]. Asimismo, la Convención trata de reforzar ciertos ámbitos en los que se habían venido produciendo violaciones sistemáticas de los derechos de las personas con discapacidad. Esta estrategia se refleja de manera muy clara en la regulación del derecho a la libertad y a la seguridad que realiza el art. 14 de la Convención.

1.2. EL ALCANCE DE LA PROHIBICIÓN DE LA PRIVACIÓN DE LA LIBERTAD POR MOTIVOS DE DISCAPACIDAD EN EL ART. 14 DE LA CONVENCIÓN SEGÚN EL COMITÉ SOBRE LOS DERECHOS DE LAS PERSONAS CON DISCAPACIDAD

De acuerdo con el propósito general de este tratado internacional el art. 14 de la Convención se orienta a garantizar la aplicación efectiva y equitativa del derecho a la libertad y a la seguridad en el ámbito de la discapacidad. Para ello el citado precepto no se limita a reafirmar este derecho recordando de manera genérica su aplicabilidad a las personas con discapacidad, ni se conforma con explicitar la obligación de los Estados de asegurar su reconocimiento y disfrute en condiciones de igualdad, sino que entra en sustancia en la determinación de sus contenidos, corrigiendo su formulación genérica y abstracta y precisando su sentido en el contexto de la discapacidad[37]. De esta forma el art. 14 incluye expresamente aspectos adicionales en la regulación del derecho a la libertad que no habían sido mencionados previamente en los tratados de

---

36 Idem, p. 270. Vid. también LORD, J.E. y ASHLEY STEIN, M., "The domestic incorporation of Humans Rights Law and the United Nations Convention on the Rights of Persons with Disabilities", cit., p. 461. Como señala BARTLETT, P., "The United Nations Convention on the Rights of Persons with Disabilities and Mental Health Law", *Modern Law Review,* vol. 75(5), 2012, pp. 752-778, p. 752, de lo que se trata es de hacer los derechos "significativos" para las personas con discapacidad. En todo caso, se ha señalado que esta estrategia puede también dar lugar al "florecimiento" de nuevos derechos, DE ASÍS ROIG, *Sobre discapacidad y derechos,* ya citado.

37 Combinando los tres tipos de estrategias que, según MEGRET, F., "The disabilities Convention: Human Rights of Persons with Disabilities or Disability Rights?", *Humans Rights Quartely,* nº. 30, 2008, pp. 494-516, la CDPD adopta en la regulación de los derechos.

derechos humanos generales y que son vulnerados por la inmensa mayoría de las legislaciones nacionales con el beneplácito, según antes se apuntó, de la jurisprudencia de los organismos internacionales y regionales de protección de los derechos.

El art. 14.1a) de la Convención establece la obligación de los Estados parte "*de asegurar que las personas con discapacidad, en igualdad de condiciones con las demás disfruten del derecho a la libertad y seguridad de la persona*". Y en su inciso b) aclara que dicha obligación implica no sólo garantizar, de acuerdo con la formulación estándar de este derecho en otros instrumentos internacionales, que las personas con discapacidad "*no se vean privadas de su libertad ilegal o arbitrariamente y que cualquier privación de libertad sea de conformidad con la ley*" sino que, además, exige asegurar "*que la existencia de una discapacidad no justifique en ningún caso una privación de la libertad*".

De esta forma, el artículo 14.1 va más allá del principio general formulado por el Derecho Internacional de los Derechos Humanos según el cual el derecho a la libertad solo puede ser privado por las causas fijadas por la ley y con arreglo al procedimiento establecido en ésta en el que se respeten las garantías básicas del debido proceso, no sólo "por la necesidad de especificidad respecto de la discapacidad", sino también "debido a que, en relación con el goce efectivo del derecho a la libertad de las personas con discapacidad, es justamente 'la ley' la que se constituye como principal barrera y fuente de discriminación"[38]. Y es que, en efecto, antes de la entrada en vigor de la Convención la existencia de una discapacidad –en particular como se viene insistiendo de una discapacidad intelectual, psicosocial o de otro tipo de discapacidades de carácter cognitivo– representaba un motivo válido, asumido por las legislaciones nacionales y aceptado también en el plano internacional, para fundamentar la privación de la libertad[39].

---

[38] BARIFFI, F., *El régimen jurídico internacional de la capacidad jurídica de las personas con discapacidad y sus relaciones con la regulación actual de los Ordenamientos jurídicos internos*, Cinca, Madrid, 2014, p. 183

[39] Vid. Oficina del Alto Comisionado de las Naciones Unidas para los Derechos Humanos, *Estudio temático para mejorar el conocimiento y la comprensión de la Convención sobre los derechos de las personas con discapacidad*, A/HRC/10/48, 2009, paras. 48 y 4, disponible en http://www2.ohchr.org/english/bodies/hrcouncil/docs/10session/A.HRC.10.48.pdf (última consulta 20 de julio de 2020).

La Convención se aparta radicalmente de este enfoque tradicional al señalar que la discapacidad no puede servir bajo ninguna circunstancia como fundamento para la privación de la libertad. Así, se ha apuntado que el valor añadido del inciso b) del art. 14.1 es que deja claro que la no discriminación en el derecho a la libertad y la seguridad de las personas con discapacidad se proyecta también en la propia justificación de la privación de la libertad. De esta forma, la privación de la libertad basada en la discapacidad supone una vulneración del art. 14 incluso si la misma es permitida por la ley y no arbitraria en el sentido de tratarse de una medida sujeta a reglas generales y previas para su adopción[40].

Conviene aclarar que esta revolucionaria previsión no excluye a las personas con discapacidad de la aplicación de las leyes "generales" que permiten la privación de la libertad de cualquier persona[41] (por ejemplo, por la comisión de hechos delictivos o por cualesquiera otras razones desvinculadas de la discapacidad que se consideren relevantes en las legislaciones nacionales como, por ejemplo, razones basadas en la protección de la salud pública como sucede en los confinamientos vinculados la gestión de la pandemia COVID-19)[42]. De hecho, el art. 14.2 CDPD establece la obligación de que las personas con discapacidad que se ven privadas de su libertad de acuerdo con cualquier proceso tengan *"en igualdad de condiciones con las demás, derecho a garantías de conformidad con el derecho internacional de los derechos humanos y a ser tratadas de conformidad con los objetivos y principios de la presente Convención, incluida la realización de ajustes razonables"*[43]. Lo que prohíbe el art. 14.1.b) es cualquier privación de la libertad por motivos de discapacidad.

El Comité sobre los Derechos de las Personas con Discapacidad ha interpretado esta prohibición en un sentido muy amplio. Esta comprensión robusta

---

40 MINKOWITZ, T., "Prohibition of Compulsory Mental Health Treatment and Detention Under the CRPD", 2011, disponible en https://papers.ssrn.com/sol3/papers.cfm?abstract_id=1876132 (última consulta 20 de julio de 2020).

41 Idem.

42 Otra cosa es que en la aplicación de estas medidas haya de ponderarse su impacto en las personas con discapacidad y realizar las adaptaciones necesarias teniendo en cuenta su situación.

43 En todo caso, también la implementación de esta previsión requiere de importantes reformas legislativas en el plano nacional y, en particular, de la revisión de la normativa y de las políticas penitenciarias que no suelen tener en cuenta la situación de las personas con discapacidad. A esta cuestión me he referido en mi trabajo CUENCA GÓMEZ, P., *La adaptación de la normativa penitenciaria española a la Convención Internacional sobre los Derechos de las Personas con Discapacidad*, Cinca, Madrid, 2019.

se plasmó, en primer lugar, en las *Directrices* adoptadas por el Comité en el año 2009 en relación con el contenido de los informes iniciales de los Estados parte sobre la aplicación de la Convención[44]. En efecto, en ellas se señala que el art. 14 "asegura que las personas con discapacidad disfruten del derecho a la libertad y la seguridad personal y no sean privadas de su libertad ilegal o arbitrariamente, en razón de la existencia de una discapacidad" y se indica que los Estados parte deben informar, entre otras cosas, sobre "las medidas adoptadas … para asegurar que todas las personas con cualquier tipo de discapacidad disfruten del derecho a la libertad y la seguridad de la persona y que nadie sea privado de su libertad en razón de su discapacidad" y sobre las "medidas adoptadas para abolir toda legislación que permita la institucionalización o privación de la libertad de todas las personas con cualquier tipo de discapacidad". Asimismo, la interpretación amplia de la prohibición de privación de la libertad por motivos de discapacidad se refleja también en las *Observaciones Finales*[45] que el Comité ha ido publicando en relación con los informes presentados por los Estados, y, especialmente se expresa de manera rotunda en el *Statement on Article 14 of the Convention*[46] adoptado en el año 2014 y en las *Directrices sobre el derecho a la libertad y la seguridad de las personas con discapacidad*,[47] adoptadas en el año 2015. Cabe subrayar que la elaboración

---

[44] Vid. Comité sobre los Derechos de las Personas con Discapacidad, *Directrices relativas al documento específico sobre la Convención que deben presentar los Estados partes con arreglo al párrafo 1 del artículo 35 de la Convención sobre los derechos de las personas con discapacidad,* CRPD/C/2/3, 2009, p. 11, disponible en https://tbinternet.ohchr.org/_layouts/15/treatybodyexternal/Download.aspx?symbolno=CRPD/C/2/3&Lang=en (última consulta 30 de julio de 2020).

[45] Vid. por ejemplo, las primeras *Observaciones Finales* adoptadas en relación con el informe inicial presentado por España que serán analizadas en el tercer Capítulo del presente trabajo.

[46] Vid. Comité sobre los Derechos de las Personas con Discapacidad, *Statement on Article 14 of the Convention on the Rights of Persons with Disabilities*, septiembre de 2014. En esta declaración el Comité considera que el art. 14 no permite ninguna excepción por la cual las personas con discapacidad puedan ser privadas de su libertad por una deficiencia real o percibida. disponible en https://www.ohchr.org/EN/NewsEvents/Pages/DisplayNews.aspx?NewsID=15183 (ultima consulta 15 de julio de 2020).

[47] Incluidas ahora con Anexo en el Informe bianual del Comité de 2016, A/72/55 disponible en https://tbinternet.ohchr.org/_layouts/15/treatybodyexternal/Download.aspx?symbolno=A/72/55&Lang=en (última consulta 15 de julio de 2020)., Vid. paras. 1 y 2. Como ha señalado FLYNN, E., "Disability, Deprivation of Liberty and Human Rights Norms", cit., p. 83, estas *Directrices*, que reemplazan al *Statement* de 2014, no tienen el estatus de un Comentario General, pero constituyen la interpretación más actualizada del sentido del art. 14.

de estas *Directrices* responde al hecho de que desde la adopción del *Statement* de 2014 algunos mecanismos de Naciones Unidas, y, especialmente el Comité de Derechos Humanos, y también algunos organismos regionales –como se comprobará en el siguiente Capítulo– habían continuado insistiendo en la admisibilidad de las privaciones de la libertad basadas en la discapacidad. Así, estas *Directrices* señalan tener como objeto "proporcionar aclaraciones adicionales a los Estados parte" y a otros actores implicados "respecto de la obligación … de respetar, proteger y garantizar el derecho de las personas con discapacidad a la libertad y la seguridad". En lo que sigue se presentarán, con carácter general, las claves principales de estas aclaraciones.

En primer lugar, importa subrayar que el Comité indica que el término "discapacidad" en el art. 14 de la Convención debe ser interpretado en el sentido de incluir todas las formas de discapacidad y, en especial, la discapacidad intelectual y psicosocial y de abarcar tanto la discapacidad o deficiencia real, como la percibida[48]. Esta interpretación encuentra un importante apoyo en la definición abierta de personas con discapacidad incluida en el art. 1, en el contenido general del art. 14 y de la Convención en su conjunto, y, en particular, en el sentido de su art. 5.2, que recoge la prohibición de discriminación por razón de discapacidad, elementos que permiten afirmar que la concepción de la discapacidad manejada en este tratado incluye la protección de aquellas personas que no presentan realmente una discapacidad –de acuerdo con los términos de su art. 1– pero que son consideradas o percibidas como personas con discapacidad[49].

Por otro lado, apunta el Comité en sus *Directrices* sobre el art. 14[50] que durante la negociación de la Convención[51] los Estados parte y la sociedad civil

---

48 Comité sobre los Derechos de las Personas con Discapacidad, *Directrices sobre el derecho a la libertad y la seguridad de las personas con discapacidad*, cit., para 6. Señala el Comité que "en las presentes directrices, se entiende por deficiencia una circunstancia personal física, psicosocial, intelectual o sensorial que puede ir acompañada o no de limitaciones funcionales del cuerpo, la mente o los sentidos. Una deficiencia implica una diferencia con respecto a lo que suele considerarse la norma. La discapacidad se entiende como el efecto social de la interacción entre la deficiencia individual y el entorno social y físico, en el sentido del artículo 1 de la Convención".

49 Vid. Oficina del Alto Comisionado de Naciones Unidas para los Derechos Humanos, *International standards on the right to liberty and security of persons with disabilities, Background Note*, cit., para. 15.

50 Comité sobre los Derechos de las Personas con Discapacidad, *Directrices sobre el derecho a la libertad y la seguridad de las personas con discapacidad*, cit., para. 7.

51 La redacción del art. 14 de la Convención comenzó durante la tercera sesión del Comité Ad Hoc en el verano de 2004 y finalizó con consenso en la octava y última reunión en 2006, Vid. sobre el proceso de negociación y redacción del art. 14, KANTER, A.S., *The Development*

discutieron extensamente sobre la necesidad de incorporar en el art. 14.1.b) un cualificador o "expresión restrictiva" que aclarase que la discapacidad no podía ser nunca la "única" o la "exclusiva" justificación para la privación de la libertad. Finalmente, se terminó rechazando la inclusión de dicho cualificador en la redacción definitiva de este precepto, argumentando que la misma podría generar malentendidos y emplearse para considerar justificadas privaciones de la libertad basadas en la discapacidad en el caso de concurrir otros factores adicionales. La no incorporación de este cualificador reviste una gran importancia en tanto en la práctica es común que las formas específicas de privación de la libertad basadas en la discapacidad –y, en particular, el internamiento involuntario– se justifiquen en la existencia de una discapacidad en combinación con otros elementos.[52] Teniendo en cuenta los trabajos preparatorios de la Convención, el Comité sostiene expresamente que la prohibición de privación de la libertad por motivos de discapacidad impide obviamente que la discapacidad pueda ser por sí misma, aisladamente considerada, una causa de privación de la libertad, como sucede en las legislaciones que permiten la privación de la libertad con la mera referencia al diagnóstico clínico, pero también que la privación de la libertad se justifique en la combinación de la discapacidad con elementos adicionales como, por ejemplo, el peligro para la propia persona o para terceros, o la necesidad de cuidado o tratamiento. De esta forma, el art. 14 de la Convención no significa simplemente que la discapacidad no puede ser la única razón para la privación de la libertad, sino también que la discapacidad no puede formar parte de la justificación de la privación de la libertad (esto es, que no puede ser el único factor, pero tampoco un factor determinante en la adopción de una medida de detención o confinamiento)[53]

Igualmente, destaca el Comité en estas *Directrices* que en la redacción del art. 14.2 de la Convención se debatió la propuesta de incorporar una alusión expresa a la necesidad de revisión periódica de las situaciones de privación

of Disability Rights under International Law: From Charity to Human Rights, Routledge, London and New York, 2014, pp. 136 y 137.

52 Oficina del Alto Comisionado de Naciones Unidas para los Derechos Humanos, A/HRC/10/48, cit., para. 48.

53 BARTLETT, P., "The United Nations Convention on the Rights of Persons with Disabilities and Mental Health Law", *Modern Law Review*, vol. 75 (5), 2012, pp. 752-778, p. 772 y BARTLETT, P., "A mental disorder of a kind or degree warranting confinement: examining justifications for psychiatric detention", *The International Journal of Human Rights*, vol. 16:6, 2012, pp. 831-844, p.834.

de la libertad[54]. También esta propuesta fue descartada al entenderse que podría llevar erróneamente a considerar que el art. 14 permitía privaciones a la libertad sobre base de la discapacidad o las deficiencias, siempre y cuando se rodeasen de ciertas garantías. De nuevo, la no adopción de esta propuesta es esencial en relación con el tema que nos ocupa puesto que, cuestión en la que se insistirá a lo largo del presente trabajo, el progresivo reconocimiento de que los internamientos involuntarios, al menos los "psiquiátricos", constituyen formas específicas de privación de la libertad por motivos de discapacidad no ha conducido al paralelo reconocimiento de su carácter discriminatorio y, por ende, a abogar por la prohibición y abolición de esta práctica. Más bien este reconocimiento ha marcado una tendencia cada vez más acusada tanto en el plano nacional como en el plano internacional hacia el aumento y mejora de la regulación de dicha figura, en especial por lo que respecta a la exigencia de una determinación más clara, exhaustiva y exigente de la causas y criterios que la justifican –que, en todo caso se reconducen a los motivos recurrentes de la existencia de una discapacidad real o percibida de cierta entidad, ligada a los factores habituales de la peligrosidad o la necesidad de asistencia o tratamiento– y por lo que atañe a las garantías procedimentales necesarias para su adopción[55].

El Comité ha indicado también que la prohibición de la privación de la libertad por motivos de discapacidad no admite ninguna excepción[56]. Otra vez esta aclaración es sumamente relevante debido a que en la actualidad el internamiento involuntario suele concebirse como una medida de último recurso aplicable exclusivamente en situaciones excepcionales (si bien esta teórica excepcionalidad no se ve después confirmada en la práctica, siendo muy habi-

---

[54] Comité sobre los Derechos de las Personas con Discapacidad, *Directrices sobre el derecho a la libertad y la seguridad de las personas con discapacidad*, cit., para. 7.

[55] FLYNN, E.; PINILLA-ROCANCIO, M.; GÓMEZ-CARRILLO DE CASTRO, M., *Disability-specific forms of deprivation of liberty*, cit., pp. 4 y 34 y ss. Esta tendencia puede enmarcarse dentro de las distintas corrientes o respuestas a la salud mental en lo que puede calificarse como legalismo, en tanto se trata de establecer principios que limiten el uso de poderes coercitivos en salud mental por parte de la psiquiatría de acuerdo con determinadas garantías formales y materiales; o, en algunos casos, en el nuevo legalismo que incorpora, además, la preocupación por el respeto de los derechos de las personas con problemas de salud mental, Vid. sobre estas corrientes PORXAS ROIG, M.A., *El dogma de las capacidades y la racionalidad. Un análisis crítico el tratamiento jurídico de las personas diagnosticadas con problemas de salud mental,* Tesis Doctoral, Universitat de Girona, 2019, pp. 131 y ss.

[56] Comité sobre los Derechos de las Personas con Discapacidad, *Directrices sobre el derecho a la libertad y la seguridad de las personas con discapacidad*, cit., para. 6.

tual el uso de esta medida en casos que difícilmente pueden calificarse como extraordinarios y detectándose incluso un aumento de los internamientos forzosos en algunos países europeos en los últimos años[57]).

A partir de todo lo anterior, el Comité afirma de manera categórica que la prohibición de que la discapacidad o la deficiencia pueda justificar la privación de la libertad incluida en el art. 14 de la Convención debe entenderse como una "prohibición absoluta"[58] rechazando cualquier forma de privación de la libertad basada en la discapacidad o las deficiencias. El carácter absoluto que se predica de la prohibición de la privación de la libertad por motivos de discapacidad implica, a juicio del Comité, que las legislaciones nacionales que contemplan instancias según las cuales las personas pueden ser privadas de su libertad sobre la base de una discapacidad real o percibida son incompatibles con el art. 14, discriminatorias por naturaleza y equivalen a una privación arbitraria de la libertad[59].

Pues bien, esta interpretación tiene un impacto fundamental en la (i)legitimidad de la figura del internamiento involuntario. Así, según el Comité los internamientos forzosos ya sean en centros o instituciones de salud mental o asistenciales, constituyen una forma específica de privación de la libertad por razón de discapacidad que contradice el art. 14[60] también cuando la discapacidad se combina con otros factores[61]. En concreto, el Comité ha expresado su

---

[57] Relatora Especial sobre los derechos de las personas con discapacidad, A/HRC/40/54, cit., para. 16.

[58] Comité sobre los Derechos de las Personas con Discapacidad, *Directrices sobre el derecho a la libertad y la seguridad de las personas con discapacidad,* cit. paras. 6, 8 y 10.

[59] Idem, para. 6.

[60] Vid., entre otras, las siguientes *Observaciones Finales* adoptadas por el Comité, CRPD/C/TUN/CO/1, para. 25; CRPD/C/ESP/CO/1, para. 36; CRPD/C/PER/CO/1, para. 29; CRPD/C/HUN/CO/1, para. 28; CRPD/C/CHN/CO/1, para. 26; CRPD/C/PRY/CO/1, para. 36; CRPD/C/SLV/CO/1, para. 32; CRPD/C/AUT/CO/1, para. 30; CRPD/C/AUS/CO/1, para. 32; CRPD/C/SWE/CO/1, para. 36; CRPD/C/AZE/CO/1, para. 29; CRPD/C/NZL/CO/1, para. 30; CRPD/C/MEX/CO/1, para. 30; CRPD/C/KOR/CO/1, para. 26; CRPD/C/DNK/CO/1, para. 37; CRPD/C/BEL/CO/1, para. 26; CRPD/C/NZL/CO/1, para. 30; CRPD/C/TKM/CO/1, para. 30(a); CRPD/C/HRV/CO/1, para. 20; CRPD/C/COK/CO/1, para. 28(a); CRPD/C/UKR/CO/1, para. 31; CRPD/C/QAT/CO/1, para. 28; CRPD/C/MUS/CO/1, para. 25; CRPD/C/KEN/CO/1, para. 27-28(a); CRPD/C/GAB/CO/1, para. 33; CRPD/C/BRA/CO/1, para. 29.

[61] Vid., por ejemplo, CRPD/C/SLV/CO/1, para. 32; CRPD/C/AUT/CO/1, para. 29; CRPD/C/DNK/CO/1, para. 36; CRPD/C/SWE/CO/1, para. 35; CRPD/C/BEL/CO/1, para. 27; CRPD/C/DOM/CO/1, para. 28(b); CRPD/C/TKM/CO/1, para. 30(a); CRPD/C/MUS/CO/1, para. 25; CRPD/C/KEN/CO/1, para. 27.

preocupación en relación con las legislaciones que permiten que las personas con discapacidad sean internadas involuntariamente porque se considera que constituyen un peligro para ellas mismas o terceros[62] y ha recomendado su abolición[63]. Y lo mismo ha hecho con las regulaciones que refieren a la necesidad de cuidado o tratamiento[64] y al peligro potencial[65] como criterios de justificación de los internamientos no voluntarios. En este sentido, el Comité ha reclamado a los Estados parte que den todos los pasos necesarios para garantizar que ninguna persona es internada o detenida en contra de su voluntad por razones ligadas o vinculadas a la existencia de una discapacidad real o percibida en ninguna institución médica o asistencial, lo que exige poner fin a los internamientos involuntarios[66].

En todo caso, como se comprobará en el siguiente apartado, la posición del Comité sobre los Derechos de las Personas con Discapacidad en relación con el alcance de la prohibición de la privación de la libertad por motivos de discapacidad y la necesidad de abolir los internamientos involuntarios se ve reforzada desde una interpretación en contexto que conecta el derecho a la libertad reconocido en el artículo 14 de la Convención con otros derechos recogidos a lo largo de su articulado.

1.3. EL FIN DE LOS INTERNAMIENTOS INVOLUNTARIOS DESDE LA INTERCONEXIÓN ENTRE LOS DERECHOS RECONOCIDOS EN LA CONVENCIÓN

Se ha señalado con razón que la CDPD plasma de manera más nítida que otros instrumentos internacionales la tan proclamada "indivisibilidad e

---

62 Ver CRPD/C/SLV/CO/1, para. 32; CRPD/C/AUT/CO/1, para. 29; CRPD/C/DNK/CO/1, para. 36; CRPD/C/SWE/CO/1, para. 35; CRPD/C/BEL/CO/1, para. 27.

63 Ver CRPD/C/SLV/CO/1, para. 32, CRPD/C/AUT/CO/1, para. 29; CRPD/C/DNK/CO/1, para. 36; CRPD/C/SWE/CO/1, para. 35; CRPD/C/BEL/CO/1, para. 27.

64 CRPD/C/SLV/CO/1, para. 32.

65 CRPD/C/TKM/CO/1, para. 30(a).

66 Como indica MINKOWITZ, T., "Prohibition of Compulsory Mental Health Treatment and Detention Under the CRPD", ya citado, el art. 14 de la Convención contiene tanto una afirmación de que la existencia de una discapacidad nunca puede justificar la privación de la libertad, como una obligación de los Estados de garantizar que dicha privación de libertad no está autorizada en su legislación interna y no ocurre, de hecho, en la práctica.

interdependencia"[67] existente entre todos los derechos humanos[68]. En este sentido, el derecho a la libertad y la seguridad reconocido en su art. 14 y, en concreto, la prohibición de que la discapacidad pueda justificar la privación de la libertad no debe interpretarse de manera aislada sino en conexión con la filosofía general de la Convención explicada en el primer apartado del presente Capítulo, esto es, con el enfoque de derechos y el modelo social y en relación, vinculación en la que ha insistido el Comité sobre los Derechos de las Personas con Discapacidad, con el contenido de otros derechos humanos contemplados en diversos preceptos de este texto internacional[69]. Esta relación viene a confirmar que la figura del internamiento involuntario no tiene cabida en el modelo de la Convención y a robustecer los argumentos que apuntan a su necesaria prohibición y abolición.

1.3.1. El derecho a la igualdad y la no discriminación

La lectura del art. 14 desde el prisma del derecho a la igualdad y la no discriminación[70] contribuye a la mejor comprensión del alcance que la prohibición de privación de la libertad basada en la discapacidad posee en el marco de la Convención.

El propio Comité sobre los Derechos de las Personas con Discapacidad ha remarcado la naturaleza esencialmente antidiscriminatoria del art. 14[71], subrayando su estrecha relación con el derecho a la igualdad y la no discriminación

---

[67] En el propio Preámbulo de la Convención inciso c) se afirma *"la universalidad, indivisibilidad, interdependencia e interrelación de todos los derechos humanos y libertades fundamentales, así como la necesidad de garantizar que las personas con discapacidad los ejerzan plenamente y sin discriminación"*. Han insistido en esta idea, por ejemplo, QUINN, G. y DEGENER, T., "Derechos humanos y discapacidad", cit., p. 287 y KANTER, A.S., *The Development of Disability Rights under International Law,* cit., p. 9.

[68] MEGRET, F., "The disabilities Convention: Towards a holistic concept of Rights", ya citado.

[69] Vid. también una interesante interpretación del art. 14 CDPD en conexión con otros derechos de la Convención en DOYLE GUILLOUD, S., "Charting a path to the provision of non-coercive mental healthcare: the roots and branches of universal legal capacity and the support paradigm", ya citado.

[70] En su *Observación General Nº 6*, cit., para. 12 el Comité señala expresamente que el principio de igualdad y no discriminación es una herramienta interpretativa de otros principios y derechos reconocidos en la Convención.

[71] Comité sobre los Derechos de las Personas con Discapacidad, *Directrices sobre el derecho a la libertad y la seguridad de las personas con discapacidad,* cit., para. 4.

regulado en su art. 5[72]. Este precepto, según antes se apuntó, reconoce en su apartado 1 que todas las personas son iguales ante la ley y en virtud de ella y que tienen derecho a igual protección legal y a beneficiarse de la ley en igual medida sin discriminación alguna. En su apartado 2 el art. 5 prohíbe todas las formas de discriminación por motivos de discapacidad y garantiza a todas las personas con discapacidad protección legal igual y efectiva contra la discriminación por cualquier motivo.

Pues bien, de acuerdo con la definición incluida en el artículo 2 de la Convención, cualquier distinción, exclusión o distinción basada en la discapacidad que tenga el propósito o el efecto de obstaculizar o dejar sin efecto el reconocimiento, goce o ejercicio, en igualdad de condiciones, del derecho a la libertad constituye una discriminación por motivos de discapacidad prohibida por su art. 5.

La definición amplia de discriminación por motivos de discapacidad incluida en el art. 2 de la Convención ha sido interpretada, al igual que las definiciones incorporadas en otros tratados internacionales, en el sentido de incluir no sólo las regulaciones o prácticas restrictivas de derechos basadas expresamente en la discapacidad o las deficiencias (esto es, la discriminación directa), sino también aquéllas aparentemente neutras pero que de facto tienen un impacto desproporcionado en el colectivo de las personas con discapacidad (lo que se conoce como discriminación indirecta)[73]. Lo anterior implica que eliminar las referencias a la discapacidad, a las deficiencias o a términos similares en las legislaciones que permiten restricciones al derecho a la libertad no implica automáticamente convertir esa legislación en no discriminatoria[74],

---

72 Idem, para.5.

73 NILSSON, A., "Objective and Reasonable? Scrutinising Compulsory Mental Health Interventions from a Non-discrimination Perspective", *Human Rights Law Review*, vol. 14(3), 2014, pp. 459-485, pp. 462 y 463.

74 En relación con esta cuestión BARTLETT, P., "A mental disorder of a kind or degree warranting confinement: examining justifications for psychiatric detention", *The International Journal of Human Rights*, vol. 16:6, 2012, pp. 831-84, p. 835 se refiere a dos estrategias que se han utilizado para eliminar el carácter discriminatorio de los regímenes de detención. La primera consiste en considerar que mientras la discapacidad es un criterio prohibido para justificar la privación de la libertad, en cambio las características específicas relacionadas con alguna discapacidad sí son admisibles (por ejemplo, mientras, que la esquizofrenia no puede emplearse como criterio, la incapacidad para controlar el impulso sí podría usarse). La segunda consiste en entender que la Convención permite regulaciones "disability-neutral" en las que los fundamentos legales de la restricción de la libertad se desvinculan de la discapacidad, se definen de un modo neutral y son susceptibles de ser aplicados a todas las personas. En opinión de Bartlett, en

en tanto cualquier limitación de este derecho que sólo o mayoritariamente se aplique a las personas con discapacidad cae en el ámbito de la prohibición de discriminación[75] y en tanto la legislación presuntamente "neutral" en relación con la discapacidad puede vulnerar también el propósito de la CDPD y su aplicación en la práctica puede plantear problemas evidentes por diferentes motivos, como se comprobará en lo que sigue[76].

En todo caso, a pesar de su carácter amplio, resulta crucial aclarar que la prohibición de discriminación no ha sido interpretada –a nivel internacional, regional y nacional– en el sentido de excluir toda medida que afecte de manera adversa a las personas que pertenecen a un grupo desaventajado o en situación de vulnerabilidad. Por el contrario, estos tratamientos diferenciados se han considerado justificados cuando pasan el filtro del denominado juicio de proporcionalidad, o, dicho de otro modo, si cuentan con una justificación objetiva y razonable, esto es, cuando responden a fines legítimos, constituyen medios relevantes, idóneos y necesarios para la consecución de tales fines y superan el test de las ventajas y sacrificios[77]. En este punto, conviene tam-

ambos casos es altamente probable que las medidas restrictivas se apliquen desproporcionadamente a las personas con discapacidad y la discriminación directa se convierta en indirecta. Ello conduce a resaltar el carácter problemático de las justificaciones habituales de la restricción de la libertad que requieren de un cuidadoso análisis, como el que se desarrollará a continuación.

75 NILSSON, A., "Objective and Reasonable?", cit., p. 463. Vid. también MINKOWITZ, T., "The United Nations Convention on the Rights of Persons with Disabilities and the Right to Be Free from Nonconsensual Psychiatric Interventions", *Syracuse Journal of International Law & Commerce*, nº34, 2007, pp. 405 y 406 y MINKOWITZ, T., "Prohibition of Compulsory Mental Health Treatment and Detention Under the CRPD", ya citado.

76 Vid. KANTER, A. S., *The development of disability rights under international law,* cit., pp. 145 y ss. Consideran que el Comité sobre los Derechos de las Personas con Discapacidad cuestiona los criterios presuntamente neutrales en relación con la discapacidad como fundamento de la privación de la libertad, por ejemplo, FLYNN, E., "Disability, Deprivation of Liberty and Human Rights Norms", cit., p. 84 y DOYLE GUILLOUD, S., "The right to liberty of persons with psychosocial disabilities at the United Nations: A tale of two interpretations", *International Journal of Law and Psychiatry*, nº 66, 2019, pp. 1-11.

77 Vid. en concreto en relación con la cuestión que nos ocupa NILSSON, A., "Objective and Reasonable?", cit., pp. 463 y ss. Como señala esta autora, los trabajos preparatorios de la Convención apoyan la tesis de que el estándar "objetivo-razonable" está implícito en la definición de discriminación por motivos de discapacidad. En efecto, el borrador inicial de esta definición excluía de su ámbito prácticas que, de manera objetiva y demostrable, estuvieran justificadas en un fin legítimo siempre y cuando los medios para lograr ese objetivo fueran razonables y necesarios. Aunque algunos Estados argumentaron a favor de la inclusión de tal cláusula que la misma suponía simplemente codificar el contenido de la prohibición de discriminación bajo el actual Derecho Internacional de los Derechos Humanos, la mayoría de los actores negociado-

bién advertir que en estos casos –y en particular en el supuesto de la medida de internamiento involuntario que implica, en efecto, un trato perjudicial en forma de restricción de un derecho humano que se proyecta en un colectivo históricamente discriminado– se exige la aplicación de un escrutinio estricto en el análisis de la justificación de la medida, es decir, un cumplimiento más riguroso o de los requisitos o subprincipios del juicio de proporcionalidad[78].

En línea de principio, los fines tradicionalmente esgrimidos para justificar los internamientos involuntarios de las personas con discapacidad, proteger la salud al concurrir una necesidad de tratamiento médico o asistencial y evitar la peligrosidad para la propia persona o terceros, pueden considerarse intereses o fines legítimos desde el discurso de los derechos humanos[79](del mismo modo que sucede con la finalidad de la protección de la salud pública esgrimida en el caso de los confinamientos COVID). Asimismo –y aunque cabe plantear importantes dudas en torno a esta cuestión en las que después se incidirá al analizar la efectividad de la medida– se podría llegar a admitir que el internamiento involuntario es una medida relevante que podría contribuir al menos en ciertos casos y en algún grado a la consecución de tales fines[80]. Ahora bien, puesto que, como se viene señalando, nos enfrentamos a una práctica que implica un tratamiento diferenciado que afecta negativamente a un colectivo especialmente protegido, no basta con probar –lo cual genera importante controversia– que la medida en cuestión contribuye a los fines perseguidos, sino que es necesario justificar, además, que tal diferenciación es relevante en relación con tales objetivos[81]. Por lo que respecta a la cuestión que nos ocupa se trataría, por ende, de demostrar de manera fehaciente –importa recordar el carácter estricto del escrutinio en estos supuestos– que para la protección de los fines apuntados existen razones válidas para autorizar el uso de medidas como el internamiento involuntario, y el empleo de otras medidas coercitivas, en el caso de las personas con determinadas discapacidades –en particular, con

res de la Convención rechazaron este argumento, no por discrepancias de fondo en la aplicación de este estándar, sino por el peligro de que su inclusión explícita en la Convención pudiera dar la impresión de que la discriminación por motivos de discapacidad es diferente de otras y, por tanto, es más probable que en su ámbito estén justificadas restricciones de derechos.

78 MINKOWITZ, T., "Prohibition of Compulsory Mental Health Treatment and Detention Under the CRPD", ya citado.

79 NILSSON, A., "Objective and Reasonable?", cit., p. 469.

80 Idem, pp. 470 y ss.

81 Idem, pp. 468 y 470.

discapacidad psicosocial, intelectual y otro tipo de discapacidades cognitivas– y no en el caso de otros colectivos o de la población en general.

Como se ha venido indicando, uno de los argumentos comúnmente empleados en las legislaciones domésticas para justificar los internamientos involuntarios de personas con ciertos tipos de discapacidades consiste en la necesidad de aplicar un tratamiento médico adecuado para la protección de su salud. Esta justificación, como después se remarcará, entra en colisión con otros derechos reconocidos en la CDPD y en especial, si el tratamiento es administrado sin el consentimiento de la persona, implica una violación de sus artículos 12, 17 y 25.

En todo caso, conviene ahora advertir que el hecho de que, con carácter general, no se permita privar a las personas de su libertad con la finalidad de administrarles un tratamiento médico que rechazan[82], sin entrar a analizar las consecuencias negativas que ello puede conllevar, y, que, sin embargo, esta práctica se considere aceptable en determinadas situaciones de discapacidad pone de relieve que en el caso de la población en general se otorga más peso al respeto del derecho a la libertad e integridad que a la protección de la salud[83], ponderación que cambia radicalmente de resultado en el caso de las personas con discapacidad psicosocial, intelectual o cognitiva, sin que existan argumentos que puedan justificar que para este colectivo la libertad y la integridad constituyen bienes menos valiosos[84].

Por otro lado, resulta muy dudoso que el criterio de la necesidad de tratamiento pueda realmente desvincularse de la discapacidad dado que, por defi-

---

[82] BARTLETT, P., "A mental disorder of a kind or degree warranting confinement", cit., p. 840.

[83] Vid. las reflexiones incluidas en MONCRIEFF, J.M; "Freedom is more important than health': Thomas Szasz and the problem of paternalism", *International Psychiatry*, vol. 11(2), 2014, pp. 46-48.

[84] NILSSON, A., "Objective and Reasonable?", cit. p. 481. En este sentido, se ha señalado en concreto que la legislación en materia de salud mental constituye una "anomalía" en los sistemas jurídicos que habitualmente privilegian y protegen la autonomía individual y normalmente –con contadas excepciones– defienden el derecho a rechazar los tratamientos médicos en el ámbito sanitario. Lo anterior constituye la plasmación de un cambio de paradigma desde el paternalismo médico tradicional hacia la protección de la autonomía del paciente que, sin embargo, no se ha reflejado en el campo de la legislación en salud mental lo que genera importantes inconsistencias, Vid. GOODING, P., *A New Era for Mental Health Law and Policy: Supported Decision-Making and the UN Convention on the Rights of Persons with Disability*, Cambridge University Press, 2017, pp. 72-74.

nición, el tratamiento aplicado estará destinado a "tratar" la discapacidad de la persona privada de libertad o sus síntomas[85].

No obstante, importa precisar que en muchas legislaciones domésticas la justificación la privación de la libertad en la necesidad de tratamiento o, en su caso, de cuidado se vincula con la consideración de que ciertas discapacidades afectan de manera negativa a las habilidades necesarias para consentir (o más exactamente para rechazar) medidas terapéuticas o asistenciales. Desde esta óptica, la falta de capacidad o competencia sería una razón válida para convertir al colectivo de las personas con discapacidad psicosocial, intelectual o cognitiva en destinatario específico de los internamientos involuntarios[86].

Aunque se trata de un criterio que será analizado con detalle en el siguiente apartado, interesa en este momento apuntar que no existen evidencias que identifiquen de manera concluyente qué tipo de habilidades son realmente determinantes para la toma de decisiones en el contexto médico o asistencial; ni que demuestren que las personas con ciertos tipos de discapacidades no las poseen con carácter general[87], que tienen alteradas sus preferencias personales o que presentan déficits en este terreno que no pueden ser compensados a través de medidas como ajustes razonables o apoyos en la toma de decisiones, ni que prueben que las personas sin discapacidad tienen en todos los casos estas aptitudes, en tanto también otras condiciones o situaciones inciden en tales habilidades[88]. Además, cuestión en la que también se insistirá después, si bien se ha defendido que el criterio de la incapacidad o incompetencia para decidir es susceptible de aplicarse de un modo neutral afectando por igual a todas las personas con independencia de la concurrencia de situaciones de discapacidad, parece de nuevo muy complicado desvincular ambos elementos en la medida en que la discapacidad psicosocial, intelectual o cognitiva se considera habitualmente la causa directa de la incompetencia para decidir.

Por lo que respecta a la finalidad de evitar la peligrosidad para la propia persona o terceros, con carácter general, se ha denunciado la vaguedad de este

---

85 BARTLETT, P., "A mental disorder of a kind or degree warranting confinement", cit., p. 840.

86 NILSSON, A., "Objective and Reasonable?", cit., pp. 471 y ss.

87 Vid. en particular en relación en el cuestionamiento de la presunción de que las personas con discapacidad psicosocial internadas de manera involuntaria carecen de capacidad para tomar decisiones en relación con los tratamientos médicos, GOODING, P., *A New Era for Mental Health Law and Policy,* cit., pp. 80 y ss.

88 NILSSON, A., "Objective and Reasonable?", cit., pp. 471 y ss.

criterio y su impracticabilidad debido a las dificultades para predecir de manera objetiva tal peligrosidad[89] lo que conlleva importantes riesgos de infrainclusión y sobreinclusión[90].

De nuevo, se ha indicado que las sociedades suelen enfatizar la importancia del respeto a la libertad e integridad de la persona frente al argumento paternalista de la prevención de conductas que pueden ocasionarle un daño a sí misma[91], énfasis que otra vez se pierde cuando se trata de personas con discapacidad psicosocial, intelectual o cognitiva, sin datos empíricos que prueben que estas situaciones conllevan efectivamente un mayor riesgo de incurrir en comportamientos autolesivos y existiendo, además, evidencias que avalan la incidencia de otro tipo de factores en el aumento de este peligro[92].

Por las mismas razones es muy discutible el criterio ligado a la seguridad pública que justifica el internamiento involuntario de personas con ciertos tipos de discapacidades en la prevención del daño a terceras personas[93]. Ciertamente, habitualmente no se detiene a las personas por su presunta peligrosidad en el futuro y con contadas excepciones –como son el caso de la prisión preventiva o de la libertad provisional– no se permiten intervenciones coercitivas para prevenir comportamientos violentos[94]; interés que otra vez pesa menos que la protección de la libertad e integridad de la persona en términos generales. En este punto, un argumento común al que se recurre para alterar este equilibrio entre los derechos e intereses en juego en relación con la privación de la libertad de las personas con discapacidad psicosocial, intelectual o cognitiva radica en la consideración de que este colectivo presenta un mayor

---

89 Vid. entre otros Idem, pp. 474 y 476.

90 KANTER, A. S., *The development of disability rights under international law,* cit., p. 147.

91 Como ha señalado, BARTLETT, P. "A mental disorder of a kind or degree warranting confinement", cit., pp. 837-838, aunque el criterio de la peligrosidad para la propia persona o terceros se esgrime en ocasiones como una justificación unitaria de las intervenciones coercitivas y, en concreto, de los internamientos involuntarios, su fundamento teórico es muy diferente en tanto la protección de la persona es una justificación claramente paternalista mientras que la protección de terceras personas es parte de la función policial del Estado.

92 NILSSON, A., "Objective and Reasonable?", cit., pp. 473 y ss

93 Destaca BARTLETT, P., "A mental disorder of a kind or degree warranting confinement", cit., p. 838 que este criterio se basa en la predicción de comportamientos peligrosos en lugar de en la conducta violenta realmente realizada.

94 NILSSON, A., "Objective and Reasonable?", cit., p. 482. Vid. BARTLETT, P., "A mental disorder of a kind or degree warranting confinement", cit., p. 838.

riesgo de cometer actos violentos contra terceros[95]. Como se ha denunciado desde diversas instancias, se trata de un argumento sumamente problemático que refuerza el mito de que las personas con discapacidad y, en particular las personas son discapacidad psicosocial, son sujetos potencialmente peligrosos fomentando prejuicios y estereotipos que perpetúan su estigmatización[96].

Nuevamente, procede afirmar que no existen evidencias empíricas concluyentes que demuestren de forma fehaciente y objetiva la existencia de una diferencia significativa en el grado de peligrosidad de este grupo en comparación con la población en general y con otros colectivos en particular[97]. En todo caso, aunque se probase que determinadas discapacidades pueden incrementar sensiblemente el riesgo de actos de violencia[98], resultaría muy cuestionable la aplicación de la pertenencia a un grupo como criterio para justificar la detención en los casos individuales[99]. Y, adicionalmente, habría que tener en cuenta que otros factores, como, por ejemplo, el género, la edad, la clase social o el

---

[95] NILSSON, A., "Objective and Reasonable?", cit., p. 475.

[96] Idem, p. 837. Tanto la ex Relatora Especial sobre los derechos de las personas con discapacidad como el Relator Especial sobre el derecho de toda personal al disfrute del más alto nivel de salud física y mental posible han subrayado que la asociación entre discapacidad psicosocial y peligrosidad se basa en prejuicios y que, en realidad, las pruebas evidencian que de hecho son más susceptibles de ser víctimas que autoras de actos violencia, A/HRC/40/54, cit., para. 27 y A/HRC/35/21, 2017, para. 25. Vid. también Oficina del Alto Comisionado de Derechos Humanos, A/HRC/10/48, cit., para. 49.

[97] GOODING, P., *A New Era for Mental Health Law and Policy,* cit., pp. 82 y ss.

[98] Según algunos estudios las personas con discapacidad psicosocial podrían presentar un mayor riesgo de realizar actos de violencia, si bien la diferencia no sería significativa, sino puramente marginal. Además, en esta asociación incidirían claramente otras variables como, por ejemplo, el abuso de sustancias o factores socioeconómicos, por lo que no podría interpretarse en modo alguno como una vinculación causal. Vid. BARTLETT, P., "A mental disorder of a kind or degree warranting confinement", cit., p. 837; GOODING, P., *A New Era for Mental Health Law and Policy,* cit., pp. 82 y ss. y NILSSON, A., "Objective and Reasonable?", cit., pp. 475 y 476.

[99] BARTLETT, P., "A mental disorder of a kind or degree warranting confinement", cit., p. 837 se pregunta cómo podría defenderse un sistema en el que la decisión de confinar a alguien se fundamentase en que el sujeto es "negro, joven, varón o pobre" y señala, además, que, aunque tales sistemas pudieran ser bastante precisos para clases de personas, serían problemáticos en su aplicación en casos individuales. A su modo de ver, "del mismo modo que el hecho de que, estadísticamente, las mujeres son mejores conductoras que los hombres, no necesariamente nos dice mucho acerca de si una mujer determinada es mejor conductora que un hombre determinado … conocer la probabilidad de peligro de una clase de individuos definidos por una variedad de variables demográficas no necesariamente nos dicen mucho acerca de si un individuo determinado de esa clase será peligroso o no".

abuso de sustancias han demostrado estar más estrechamente asociados con la violencia y ser mejores predictores de la comisión de futuras agresiones[100]. Por lo tanto, si el interés de prevenir la violencia en aras de la protección de la comunidad se considera "igualmente importante con independencia de si el perpetrador es alguien con discapacidad" y si se acepta que el derecho a la libertad y la integridad es "igualmente importante" para las personas con o sin discapacidad, parece incoherente autorizar el internamiento involuntario en casos de discapacidad y no en otros supuestos en los que el riesgo de comportamientos violentos parecería ser mayor[101].

En este orden de cosas una de las cuestiones centrales que se plantea es si la peligrosidad para terceras personas debe ser usada, o no, como un criterio general para justificar la privación de la libertad, no sólo en relación con las personas con discapacidad. Las controversias que generan desde el punto de vista de los derechos humanos los métodos o test de predicción de la peligrosidad basados en variables demográficas como las anteriormente apuntadas y también los basados en la historia personal; las dudas en torno a su fiabilidad, a pesar de los avances de las últimas décadas; y la posibilidad de que produzcan falsos positivos, que darían lugar a detenciones injustas, han determinado que con carácter general se considere inaceptable su aplicación a la población en su conjunto[102]. Pero, entonces, en palabras Bartlett, "es justo preguntarse por qué", estos métodos sí que se consideran "aceptables si se imponen a la comunidad de personas con discapacidad mental. ¿Hay otra respuesta que no sea discriminación?"[103]. Como también apunta este autor, difícilmente "sería prudente en términos de derechos humanos" introducir previsiones legales que permitiesen la detención de personas percibidas como peligrosas en la medida en que tales previsiones se prestarían a importantes abusos. Ahora bien, si se entiende que estas regulaciones presentan riesgos evidentes si se aplican a la población en general, teniendo en cuenta que la "peligrosidad" es una categoría poco clara y que puede estar abierta "al abuso o mal uso", "¿por qué se admite su aplicación a personas con discapacidades mentales?"[104].

---

100 Ibídem y NILSSON, A., "Objective and Reasonable?", cit., pp. 482 y 483.

101 Ibídem.

102 BARTLETT, P., "A mental disorder of a kind or degree warranting confinement", cit., p. 838 y 839.

103 Idem, 839.

104 BARTLETT, P., "The United Nations Convention on the Rights of Persons with Disabilities and Mental Health Law", cit., p. 773.

De las anteriores reflexiones cabe concluir que resulta muy complicado encontrar argumentos convincentes desde la perspectiva del principio de no discriminación que, en relación con la consecución los fines que suelen emplearse para justificar los internamientos involuntarios, apoyen poner el foco exclusivamente en las personas con ciertos tipos de discapacidades –psicosociales, intelectuales o cognitivas– como destinatarias de estas medidas. Los principios de necesidad médica o de cuidado, la falta de competencia y la peligrosidad se plantean como parámetros excesivamente amplios y abiertos y su aplicación a este colectivo no está respaldada en una investigación rigurosa ni en evidencias empíricas por lo que se ha criticado su carácter arbitrario[105]. Y, además, su aplicación práctica pone de relieve que, en realidad, estos factores "adicionales" terminan evaluándose en función de la propia naturaleza y gravedad de la discapacidad. Así, se ha indicado que estos criterios no suponen más que "refinar" el criterio de la discapacidad que sigue siendo el decisivo en todos los supuestos persistiendo, por tanto, el carácter discriminatorio de la detención[106].

Avanzando en el análisis, debe tenerse en cuenta que, en todo caso, de considerarse justificado el trato diferenciado de las personas con ciertas discapacidades respecto de los fines tradicionalmente ligados a los internamientos involuntarios, para pasar el filtro del juicio de proporcionalidad debería probarse, asimismo, la idoneidad y necesidad de estas medidas y, por ende, que se trata de medidas adecuadas en relación con tales fines y que no dan lugar a limitaciones de derechos más severas de lo necesario para su consecución, esto es, que alternativas menos restrictivas son insuficientes para proteger la salud de las personas afectadas o para la prevención del daño[107].

---

[105] Vid. en relación con las personas con problemas de salud mental la opinión del Relator Especial sobre el derecho de toda persona al más alto nivel posible de salud física o mental, A/HRC/35/2, cit., para. 25 y 64. También MINKOWITZ, T., "Prohibition of Compulsory Mental Health Treatment and Detention Under the CRPD", cit, señala que no existen evidencias con base racional que apoyen la distinción de las personas etiquetadas como personas con enfermedad o trastorno mental en relación con la incidencia de comportamientos violentos o respecto de las habilidades para la toma de decisiones concernientes al propio cuidado o tratamiento. Y, apunta, además, en la línea de las reflexiones de Bartlett, que incluso si existiese una correlación estadística la focalización en cualquier sector de la población para la detención preventiva o la intervención paternalista supondría la elaboración de perfiles discriminatorios; y que la privación de libertad individual (o la elegibilidad para tal privación) no puede justificarse por la probabilidad estadística basada en características demográficas.

[106] Idem.

[107] NILSSON, A., "Objective and Reasonable?", cit., p. 478.

Pues bien, como se advirtió, la contribución real y efectiva de los internamientos involuntarios, en especial en el medio y largo plazo, tanto para reducir o prevenir la peligrosidad de la persona[108], como para la mejora de su salud se ha puesto seriamente en duda[109]. Además, en muchas ocasiones –y a pesar de su teórica conceptualización como medidas de última ratio– se recurre a los internamientos involuntarios sin que se valore la posibilidad de aplicar alternativas menos lesivas para los derechos en juego. En relación con esta consideración, se ha advertido que opciones no coercitivas, como el tratamiento y el apoyo en la comunidad, serían medidas mucho más eficaces para la consecución de los fines terapéuticos o preventivos a los que se orientan los internamientos involuntarios[110]. También se ha denunciado que en la actualidad estas opciones alternativas no están disponibles en la mayoría de los sistemas siendo preciso presionar para su desarrollo, en consonancia, como luego se verá, con las exigencias del art. 19 CDPD[111].

El último elemento del juicio de proporcionalidad se centra, como antes se dijo, en analizar si las ventajas de las restricciones de derechos superan a los sacrificios ocasionados por las mismas[112]. La aplicación de este aspecto a la cuestión que nos ocupa, implica determinar si los internamientos involunta-

---

[108] Idem, pp. 475 y 477. Vid. también en relación con el daño a la propia persona las consideraciones realizadas en relación con la prevención del suicidio por la ex Relatora Especial sobre los derechos de las personas con discapacidad, A/HRC/40/54, cit., para. 35.

[109] Ciertamente, existen evidencias que demuestran que la coerción crea expectativas negativas en relación con el tratamiento y socava la confianza en los profesionales médicos, lo que tiene un impacto negativo en los resultados del tratamiento, NILSSON, A., "Objective and Reasonable?", cit., p. 470. Vid. en general sobre la ineficacia de la legislación en salud mental para conseguir los fines para los que está diseñada, GOODING, P., *A New Era for Mental Health Law and Policy,* cit., pp. 88 y ss.

[110] FLYNN, E., "Disability, Deprivation of Liberty and Human Rights Norms", cit., p. 85.

[111] Vid. BARTLETT, P., "A mental disorder of a kind or degree warranting confinement", cit., p. 842. Como apunta este autor, "centrarse solo en las opciones disponibles" hoy en día "no crea ningún ímpetu para el cambio", en tanto las opciones no institucionales casi nunca existen, por lo que por ejemplo, "en gran parte de Europa, la alternativa menos restrictiva no es realmente un concepto muy significativo tal y como se interpreta actualmente".

[112] Según indica NILSSON, A.,"Objective and Reasonable?", cit., p. 479 este elemento difiere de las evaluaciones de relevancia y necesidad porque no se ocupa principalmente de la idoneidad de los medios para lograr sus fines, sino más bien de los efectos de los medios. Así, mientras que los criterios de relevancia y necesidad descartan medios ineficientes e innecesariamente intrusivos, este último elemento prohíbe las restricciones de derechos que son ciertamente eficientes y necesarias con respecto a su objetivo, pero desproporcionadas porque los beneficios generados por los medios no superan el daño causado.

rios generan beneficios en términos de mejora de la salud y prevención de la peligrosidad para la persona o terceros mayores que las consecuencias negativas y los daños que suponen.

En este punto es importante tener en cuenta que, como se indicó en la introducción, en el desarrollo de los internamientos involuntarios es muy habitual el empleo de contenciones físicas y químicas, el recurso a medidas aislamiento y la aplicación de procedimientos médicos forzosos invasivos, cuya efectividad es una cuestión controvertida en el seno de las propias comunidades médicas, y que en algunos casos pueden incluso llegar a tener efectos irreversibles y causar graves sufrimientos a la persona[113]. En este sentido, diversos estudios que han tomado en consideración la experiencia subjetiva de las personas con discapacidad sometidas a internamientos involuntarios destacan los nocivos efectos de estas medidas en la salud física y sus nefastas consecuencias psicológicas y sociales, entre las que cabe mencionar, la generación de angustia, miedo, stress, daño emocional, resistencia y frustración; el aumento de la desconfianza hacia los servicios socio-sanitarios[114]y de la sensación de pérdida de control sobre sus vidas; la incidencia en la estigmatización del colectivo, y la

---

113 FIGUEROA SAN MARTÍN, F., "Internamientos involuntarios y tratamientos forzados en psiquiatría: Autonomía y no discriminación como estándar de derechos humanos anuario de Derechos humanos", *Anuario de Derechos Humanos,* nº 13, 2017, pp. 111-121, p. 118. Vid. AGENCIA DE LA UNIÓN EUROPEA PARA LOS DERECHOS FUNDAMENTALES, *Involuntary placement and involuntary treatment of persons with mental health problems*, Viena, 2012, pp. 42-44, disponible en https://fra.europa.eu/sites/default/files/involuntary-placement-and-involuntary-treatment-of-persons-with-mental-health-problems_en.pdf (última consulta 12 de julio de 2020). Vid. el informe de la ex Relatora Especial sobre los derechos de las personas con discapacidad sobre los desafíos que enfrentan las personas con discapacidad en el derecho a disfrutar del más alto nivel de salud posible, A/73/161, 2018, para. 41.

114 Como señala la Asamblea Parlamentaria del Consejo de Europa la evidencia de la investigación sociológica sobre personas con afecciones de salud mental "apunta a experiencias abrumadoramente negativas" en el sometimiento a medidas coercitivas, "que incluyen dolor, trauma y miedo", y plantea "importantes problemas éticos", en tanto determinados tratamientos pueden causar daños irreversibles a la salud. Además, apunta que la coerción tiene un "efecto disuasorio" en las personas con problemas de salud mental "que evitan o retrasan el contacto con el sistema de atención a la salud por temor a perder su dignidad y autonomía, lo que en última instancia conduce a resultados negativos para la salud, incluyendo angustia y crisis intensas que amenazan la vida" situaciones, que, a su vez, conducen a más coerción generando un círculo vicioso, *Resolución 2291 (2019) Ending coercion in mental health: the need for a human rights-based approach* disponible en http://assembly.coe.int/nw/xml/XRef/Xref-DocDetails-en.asp?FileID=27701&lang=en, (última consulta 30 de junio de 2020).

exacerbación de su exclusión social al implicar la separación de la familia y de la comunidad[115]. A mi modo de ver, este impacto negativo difícilmente puede ser compensado por las ventajas –según se viene advirtiendo poco claras y susceptibles de ser alcanzadas, además, a través de medidas menos intrusivas– que la aplicación de los internamientos involuntarios conlleva.

Por otra parte, y como se ha venido destacando, detrás de la consideración de que las medidas de internamiento involuntario no superan el test de las ventajas y sacrificios subyace también el cuestionamiento de la ponderación de los bienes e intereses en juego y, por ende, de la prioridad que se otorga a la protección de la salud y la prevención del daño a la hora de justificar intervenciones de gran magnitud en el derecho a la libertad de las personas con discapacidad al contrario de lo que sucede con la población en general.

Finalmente, interesa poner de relieve que la conexión del art. 14 con el art. 5 de la Convención exige prestar atención a la dimensión estructural e interseccional presente en la discriminación que supone el régimen de privación de la libertad diferenciado por razón de discapacidad que el internamiento involuntario implica.

En efecto, según se ha venido resaltando, detrás de los internamientos involuntarios (y en general de las medidas coercitivas) subyacen relaciones de poder entre los profesionales médicos y de la asistencia social y las personas con discapacidad[116] y percepciones sociales que minusvaloran a este colectivo basadas en prejuicios y estereotipos[117]. Además, aspecto en el que se incidirá

---

[115] Vid. además de los trabajos antes citados, NILSSON, A., "Objective and Reasonable?", cit., p. 480; FLYNN, E.; PINILLA-ROCANCIO, M.; GÓMEZ-CARRILLO DE CASTRO, M., *Disability-specific forms of deprivation of liberty*, cit., p. 41 y Relator Especial sobre el derecho de toda persona al disfrute del alto nivel posible de salud física y mental, A/HRC/10/48, par. 65.

[116] En este sentido, se han denunciado las asimetrías y desequilibrios de poder que favorecen el paternalismo e incluso las visiones patriarcales que dominan la relación entre profesionales de la psiquiatría y personas usuarias de los servicios de salud mental, Idem, paras. 21-26. Vid. también FIGUEROA SAN MARTÍN, F., "Internamientos involuntarios y tratamientos forzados en psiquiatría", cit., p. 116.

[117] CAMPBELL, T., "Mental health law: Institutionalised discrimination", *Australian and New Zealand Journal of Psychiatry*, vol. 28:4, 1994, pp. 554-559, pp. 554-556 ha señalado que las leyes de salud mental conducen a una discriminación institucional, al establecer "la idea de que hay algo en la enfermedad mental en sí misma que invita al control y a la coerción lo que promueve prejuicios y estereotipos". Vid. también GOODING, P., *A New Era for Mental Health Law and Policy*, cit., 74.

en diferentes momentos de este trabajo, el propio diseño del sistema de atención sociosanitaria a las personas con discapacidad potencia la institucionalización forzosa ante la ausencia de opciones alternativas.

De otro lado, la interacción entre la discapacidad y otras situaciones de vulnerabilidad genera más desigualdades en el disfrute del derecho a la libertad personal[118] y, en concreto, supone que los internamientos involuntarios afecten en mayor medida e impacten de forma especialmente negativa en colectivos como el de las niñas y niños con discapacidad[119], las mujeres con discapacidad[120], las personas mayores con discapacidad[121] y las minorías raciales y étnicas con discapacidad[122]. Este impacto especialmente perjudicial debe ser tenido en cuenta, a mi modo de ver, a la hora de aplicar el juicio de proporcionalidad en los casos de interseccionalidad entre factores de vulnerabilidad.

En definitiva, el internamiento involuntario supone una clara vulneración del art. 5 de la Convención y no logra superar el juicio de proporcionalidad[123] cuando debería hacerlo de forma holgada teniendo en cuenta lo relevante de los derechos en juego y la afectación a un colectivo en situación de vulnerabilidad. En esta línea el Comité sobre los Derechos de las Personas con Discapacidad en su *Comentario General Nº 6* se ha referido expresamente al internamiento involuntario (y a las intervenciones médicas sin consentimiento, mencionando algunas de las que considera especialmente graves por ser irreversibles o particularmente invasivas) como ejemplos de formas "brutales" de discriminación de las que siguen siendo víctimas las personas con discapacidad[124].

---

118 Vid. Relatora Especial sobre los derechos de las personas con discapacidad, A/HRC/40/54, cit., para. 37.

119 Vid. FLYNN, E., PINILLA-ROCANCIO, M. y GÓMEZ-CARRILLO DE CASTRO, M., *Disability-specific forms of deprivation of liberty,* cit., 62.

120 Relatora Especial sobre los derechos de las personas con discapacidad, A/HRC/40/54, cit., para. 37.

121 Ibídem.

122 Relator Especial sobre el derecho de toda persona al disfrute del más alto nivel posible de salud física y mental, A/HRC/10/48, cit., para. 46.

123 A mi juicio esta conclusión no puede mantenerse con carácter general en el caso de los confinamientos/internamientos vinculados al COVID que si están bien diseñados podrían superar este juicio de proporcionalidad y no tendrían –en principio– un carácter discriminatorio.

124 Comité sobre los Derechos de las Personas con Discapacidad, *Observación General Nº6*, cit., para. 7.

1.3.2. El derecho al igual reconocimiento como persona ante la ley y el derecho a la salud

La privación de la libertad por motivos de discapacidad y, en concreto, la figura del internamiento involuntario plantea también problemas evidentes a la luz del art. 12 CDPD. Bajo la rúbrica "Igual reconocimiento como persona ante la ley" este precepto contiene previsiones que suponen también una auténtica revolución en relación con el tratamiento tradicional de la capacidad jurídica de las personas con discapacidad en las legislaciones domésticas. Esta revolución suele sintetizarse en el cambio de paradigma desde el llamado modelo de sustitución en la toma de decisiones –basado en la restricción o privación de la capacidad jurídica, en el nombramiento de una tercera persona que decide por la persona con discapacidad y en la protección del mejor interés –al denominado modelo de apoyo– fundamentado en el reconocimiento del derecho de las personas con discapacidad al ejercicio de su capacidad jurídica en igualdad de condiciones con las demás en todos los aspectos de la vida, en el apoyo y la asistencia en la toma de decisiones, y en el respeto de los derechos, la voluntad y las preferencias[125].

La conexión entre el art. 14 y el art. 12 de la Convención ha sido también especialmente destacada por el Comité sobre los Derechos de las Personas con Discapacidad. Así, en su *Comentario General Nº1* afirma el Comité que "la negación de la capacidad jurídica a las personas con discapacidad y su privación de libertad en instituciones contra su voluntad, sin su consentimiento o con el consentimiento del sustituto en la adopción de decisiones constituye una privación arbitraria de la libertad y viola los artículos 12 y 14 de la

---

[125] En los últimos años han proliferado los estudios sobre el art. 12 CDPD. Vid. por ejemplo los trabajos incluidos en el vol. 13 nº 1 de la *International Journal of Law in Context* publicado en 2017; ARSTEIN-KERSLAKE, A. y FLYNN, E., "The General Comment on Article 12 of the Convention of the Rights of Persons with Disabilities: A Roadmap for Equality before the Law", *International Journal of Human Rights*, vol. 20, nº 4, 2016, pp. 471-490; ARSTEIN-KERSLAKE, A. *Restoring Voice to People with Cognitive Disabilities*: *Realizing the Right to Equal Recognition before the Law, Cambridge,* Cambridge University Press, 2017; GOODING, P., "Supported Decision-Making: A Rights-Based Disability Concept and its Implications for Mental Health Law", 20(3), *Psychiatry, Psychology and Law*, 2013, pp. 431-451; GOODING, P., 2015: "Navigating the "Flashing Amber Lights" of the Right to Legal Capacity in the United Nations Convention on the Rights of Persons with Disabilities: Responding to Major Concerns", *Human Rights Law Review,* 15(1), 2015, pp. 45-71.

Convención"[126] De esta forma, respetar el derecho al ejercicio de la capacidad jurídica de las personas con discapacidad implica, a juicio del Comité, observar el artículo 14[127].

En todo caso, para comprender en toda su virtualidad las implicaciones que se derivan del art. 12 de la Convención para la admisibilidad del internamiento involuntario importa tener presente que, según el Comité, este precepto descarta la atribución de incapacidad basada tanto en el enfoque de estatus –que apela al diagnóstico de la deficiencia– como en el enfoque de resultados –que descansa en las consecuencias negativas de una determinada decisión– como en el enfoque funcional –que gira en torno a la evaluación de individualizada de los déficits personales en las habilidades de toma de decisiones[128].

De acuerdo con el rechazo del enfoque de estatus las previsiones legales que permiten el internamiento involuntario basándose en una condición personal que generalmente implica una discapacidad intelectual o cognitiva o un diagnóstico psiquiátrico (tener un desorden mental, enfermedad mental, trastorno psíquico etc.) no cumplen los criterios de Convención[129]. De hecho, se

---

126 Comité sobre los Derechos de las Personas con Discapacidad, CRPD/C/GC/1, cit., para. 40. También en su *Directrices sobre el derecho a la libertad y la seguridad de las personas con discapacidad,* cit., para. 10, el Comité insiste en esta idea afirmando que el internamiento involuntario en instituciones de salud mental "entraña la negación de la capacidad jurídica de la persona para decidir acerca de la atención, el tratamiento y el ingreso en un hospital o una institución y, por tanto, vulnera el artículo 12, leído conjuntamente con el artículo 14".

127 Ibídem. Como apunta la ex Relatora Especial sobre los derechos de las personas con discapacidad, A/HRC/40/54, cit., para. 53 la denegación de la capacidad jurídica de las personas con discapacidad puede ser tanto causa como efecto de la privación de la libertad. En esta idea y en la conexión entre el art. 12 y 14 insiste también la Oficina del Alto Comisionado de Naciones Unidas para los Derechos Humanos, *International standards on the right to liberty and security of persons with disabilities, Background Note,* cit., para. 20 señalando que la denegación de la capacidad jurídica de una persona puede conducir a su detención en una institución en contra de su voluntad. Y que, igualmente, la privación de la libertad sobre la base de la discapacidad o las deficiencias puede suponer la privación o la limitación de su capacidad, desde el momento en que las leyes y las prácticas permiten la admisión involuntaria y la detención en instituciones de salud mental, de corta o larga duración, sin el consentimiento libre e informado de la persona afectada.

128 Comité sobre los Derechos de las Personas con Discapacidad, CRPD/C/GC/1, cit. para. 15. Vid. sobre estos modelos DHANDA, A., "Legal Capacity in the Disability Rights Convention: Stranglehold of the Past or Lodestar for the Future?," *Syracuse Journal of International Law and Commerce,* vol. 34, 2006–2007, pp. 438-456.

129 Vid. sobre este enfoque BARTLETT, P., "A mental disorder of a kind or degree warranting confinement", cit., pp. 836 y 837.

trataría de casos de discriminación directa donde la discapacidad "por sí misma" justificaría la privación de la libertad.

Por su parte, rechazar el método funcional implica descartar también las posiciones que consideran compatible con la Convención basar la privación de la libertad en una valoración individualizada de la capacidad de la persona para adoptar decisiones[130]. En este punto conviene recordar que, para cumplir los estándares de la Convención y respetar el principio de no discriminación, algunos planteamientos proponen reemplazar el criterio del diagnóstico por el criterio de la (in)capacidad en la toma de decisiones relacionadas con el cuidado o la salud, al considerar que se trata de un parámetro neutral aplicable de forma equitativa a todas las personas que se juzguen incompetentes para decidir en estos ámbitos, concurra, o no, una situación de discapacidad. En todo caso, la aplicación del enfoque funcional presenta diversos problemas[131]. Así, cabe afirmar que, al incluir no sólo la comprensión de la información relevante, sino también la apreciación de las consecuencias el criterio de la capacidad funcional resulta muy flexible en la práctica por lo que se ha indicado que al final la capacidad significa estar de acuerdo "con la opinión del psiquiatra"[132]. Además, ciertamente, parece muy complicado desvincular el enfoque funcional y el enfoque de estatus. Como antes se apuntó, la discapacidad se considera la causa determinante de la falta de competencia para la toma de decisiones de tal manera que el recurso a este criterio lo que hace en realidad es convertir una discriminación directa en una discriminación indirecta.

En esta línea, el Comité sobre los Derechos de las Personas con Discapacidad ha subrayado que la limitación o restricción de la capacidad basada en el método funcional resulta discriminatoria (y, por tanto, constituye una violación del art. 5) en tanto tal evaluación se aplica exclusiva o desproporcionada-

---

130 Vid. SZMUKLER, G.; DAW, R. y CALLARD, F., "Mental health law and the UN Convention on the Rights of Persons with Disabilities", *International Journal of Law and Psychiatry*, vol. 37 (3), 2014, pp. 245–252 y DAWSON, J., "A realistic approach to assessing mental health laws' compliance with the UNCRPD", *International Journal of Law and Psychiatry*, vol. 40, 2015, pp. 70–79. En todo caso, importa precisar que estos trabajos tratan de definir la capacidad de toma de decisiones de un modo neutral en relación con la discapacidad.

131 Vid. un análisis de los mismos en GOODING, P. y FLYNN, E., "Querying the Call to Introduce Mental Capacity Testing to Mental Health Law: Does the Doctrine of Necessity Provide an Alternative?", *Laws*, vol. 4, 2015, pp. 245-271, pp. 254-258.

132 BARTLETT, P., "A mental disorder of a kind or degree warranting confinement", cit., p. 840.

mente a las personas con discapacidad y en tanto no existen métodos objetivos y contrastados para medir el funcionamiento de la mente humana[133]. En efecto, aunque los test de capacidad funcional se presenten sobre el papel como "formalmente" iguales no puede negarse que afectan desproporcionadamente a las personas con discapacidades de carácter cognitivo, quienes no sólo no superarán estos exámenes con mayor frecuencia, teniendo en cuenta su diseño estandarizado y los sesgos que pueden comportar, sino que, además, es mucho más probable que estas personas sean sometidas a estos test en situaciones en las que no se aplican a las demás personas dado el papel destacado que profesionales de la medicina, de la asistencia social y otros profesionales y funcionarios desempeñan en sus vidas[134].

Por último, el principal argumento en contra del enfoque o método de resultados es que no respeta el derecho de las personas con discapacidad a asumir riesgos y a cometer sus propios errores destacado también por el Comité[135]. En torno a esta idea se ha señalado que el riesgo es un componente esencial en la toma de decisiones que habitualmente se ha negado a las personas con discapacidades cognitivas mediante mecanismos de sustitución que les quitan la oportunidad de aprender habilidades y acceder a la dignidad inherente al ejercicio de la elección, "ostensiblemente por razones de protección"[136]. Y se ha aclarado, además, que, si bien el respeto a las elecciones de las personas conlleva la asunción de ciertos de riesgos, las decisiones con apoyo tienen lugar una vez que la persona ha recibido información adecuada y asistencia para tomar conciencia de sus responsabilidades y de las implicaciones de su elección y que los riesgos pueden mitigarse con la puesta en marcha de salvaguardas[137]. En particular, en relación con la cuestión que nos ocupa, el rechazo del enfoque de resultados refuerza los argumentos en contra del criterio de la peligrosidad descartando las predicciones de un futuro daño o riesgo como argumentos válidos para denegar la capacidad jurídica de las personas

---

[133] Comité sobre los Derechos de las Personas con Discapacidad, CRPD/C/GC/1, cit. para. 15.

[134] GOODING, P. y FLYNN, E., "Querying the Call to Introduce Mental Capacity Testing to Mental Health Law: Does the Doctrine of Necessity Provide an Alternative?", cit., p. 255.

[135] Comité sobre los Derechos de las Personas con Discapacidad, CRPD/C/GC/1, cit. para. 15.

[136] GOODING, P., "Supported Decision-Making: A Rights-Based Disability Concept and its Implications for Mental Health Law", cit., p. 436.

[137] Ibídem.

con discapacidad para "rechazar la hospitalización o la institucionalización involuntaria"[138].

Asimismo, el Comité ha insistido en sus *Observaciones Finales* y en su *Comentario General Nº1* que el derecho a la igual capacidad jurídica incluye el derecho de tomar decisiones en relación con el tratamiento médico[139]. En este sentido, se ha indicado que la privación de la libertad basada en el criterio "del tratamiento" representa en cualquiera de sus variantes una simple denegación de la capacidad jurídica de la persona afectada para tomar una decisión en relación con los servicios de salud mental o las intervenciones médicas y una sustitución de la opinión y los deseos de la persona con discapacidad por la opinión de los expertos médicos[140].

De esta forma, y en estrecha conexión con las anteriores reflexiones, el internamiento involuntario de las personas con discapacidad basado en razones que apelan a la necesidad de cuidado y tratamiento médico contraviene también el art. 25 de la Convención que, en la regulación del derecho a la salud, incluye el derecho de las personas con discapacidad a que cualquier intervención en este ámbito se realice sobre la base de su consentimiento libre e informado[141].

Como ha recalcado de nuevo el Comité sobre los Derechos de las Personas con Discapacidad, la Convención prohíbe los tratamientos médicos involuntarios por razones de discapacidad y exige que la provisión de los servicios

---

138 Vid. Oficina del Alto Comisionado de Naciones Unidas para los Derechos Humanos, *International standards on the right to liberty and security of persons with disabilities, Background Note,* cit., para. 94.

139 Vid. en este sentido Comité sobre los Derechos de las Personas con Discapacidad, CRPD/C/GC/1, cit., paras. 21 y 42.

140 Oficina del Alto Comisionado de Naciones Unidas para los Derechos Humanos, *International standards on the right to liberty and security of persons with disabilities, Background Note,* cit., para. 95.

141 Idem, para. 46. El Relator Especial sobre el derecho de toda persona al más alto nivel posible de salud física y mental, A/HRC/35/21, cit., para. 63 y ss. ha remarcado el carácter central del consentimiento libre e informado como elemento del derecho a la salud, indicando que incluye el derecho a rechazar el tratamiento y la hospitalización. Por su parte, la ex Relatora Especial sobre los Derechos de las Personas con Discapacidad, A/73/161, 2018, para. 14, ha señalado que el art. 25 CDPD incluye el derecho al consentimiento libre e informado en el tratamiento médico y la experimentación, incluyendo el derecho a rechazar un tratamiento y ha denunciado que, a pesar de ser un elemento central del derecho a la salud y del derecho a no ser sometido a tortura y tratos crueles o degradantes, es un derecho denegado sistemáticamente a las personas con discapacidad.

de salud, incluidos los servicios de salud mental, estén basados en el consentimiento libre e informado de la persona afectada[142] de manera que todos los profesionales del sistema (incluyendo los profesionales de la psiquiatría) están obligados a recabar este consentimiento antes de aplicar cualquier tratamiento y tienen la obligación de no permitir que el consentimiento sea otorgado por personas que sustituyan a las personas con discapacidad[143]. Resulta obvio que, si la Convención prohíbe el tratamiento médico involuntario basado en la discapacidad, también la privación de la libertad con este propósito es inadmisible y debe considerarse prohibida[144].

Según apunta la ex Relatora Especial sobre los Derechos de las Personas con Discapacidad, toda persona tiene derecho a que se le brinden los servicios de salud mental deseados y otros apoyos sobre la base de su consentimiento libre e informado y a rechazar cualquier servicio no deseado sin ser privada de su libertad, derecho que poseen también las personas que experimentan situaciones extremas[145]. En efecto, este derecho no puede ser limitado en situaciones de emergencia o crisis puesto que, como ha afirmado el Comité sobre los Derechos de las Personas con Discapacidad, las personas con discapacidad tienen capacidad jurídica incluso en estas situaciones[146], por lo que los Estados parte deben respetar esta capacidad y abolir las leyes y prácticas que permiten o estipulan el tratamiento forzoso también en estas circunstancias[147].

En todo caso, conviene tener presente, cuestión en la que se insistirá en el último Capítulo del presente trabajo, que el modelo de la Convención reclama procedimientos accesibles para la prestación del consentimiento en el ámbito médico y asistencial y la provisión de ajustes y de apoyos con salvaguardas

---

142 *Directrices sobre el derecho a la libertad y la seguridad de las personas con discapacidad,* cit., para. 11. Vid. también CRPD/C/GC/1, paras. 41 y 42.

143 CRPD/C/GC/1, cit., para. 41.

144 Oficina del Alto Comisionado de Naciones Unidas para los Derechos Humanos, *International standards on the right to liberty and security of persons with disabilities, Background Note,* cit., para. 95.

145 A/HRC/40/54, cit., para. 49.

146 CRPD/C/GC/1, cit., paras. 18 y 42 y *Directrices sobre el derecho a la libertad y la seguridad de las personas con discapacidad,* cit., para. 22.

147 Oficina del Alto Comisionado de Derechos Humanos de Naciones Unidas, *International standards on the right to liberty and security of persons with disabilities, Background Note,* cit., para. 95

que eviten cualquier tipo de abuso e influencia indebida[148]. En los supuestos en los que no es posible obtener el consentimiento de la persona o determinar su voluntad y preferencias el estándar que debe aplicarse como último recurso es el de la "mejor interpretación posible de su voluntad y preferencias" en reemplazo del tradicional criterio del "mejor interés"[149] que no cumple los estándares de la Convención en relación con las personas adultas.

1.3.3. El derecho a la integridad física y mental y la prohibición de tortura y de otros tratos y penas crueles inhumanos y degradantes

Cuando el internamiento involuntario conduce al sometimiento de las personas con discapacidad a tratamientos médicos involuntarios se vulnera también el art. 17 de la Convención[150] que reconoce el derecho de las personas con discapacidad a que se respete su integridad física y mental en igualdad de condiciones con las demás. Aunque, ciertamente, este precepto no prohíbe expresamente los tratamientos médicos forzosos basados en la discapacidad, conviene tener presente que en su proceso de redacción se rechazó la propuesta de incluir un apartado que se refería expresamente a las condiciones especiales en las cuales las personas con discapacidad podían ser sometidas a estas prácticas, al considerarse tal incorporación problemática desde la óptica del principio de igualdad y no discriminación[151].

---

148 Como señala el Comité sobre los Derechos de las Personas con Discapacidad, CRPD/C/GC/1, cit., para. 41, los Estados parte tienen la obligación de no permitir que el consentimiento sea otorgado por personas que sustituyan a las personas con discapacidad en la adopción de decisiones y todo el personal médico y sanitario debe velar por que se efectúe la consulta apropiada directamente con la persona con discapacidad estando obligado a garantizar también, en la medida de sus posibilidades, que las personas encargadas de prestar apoyo o asistencia no sustituyan a las personas con discapacidad en sus decisiones ni tengan una influencia indebida sobre ellas.

149 Idem, para. 21 y *Directrices sobre el derecho a la libertad y la seguridad de las personas con discapacidad,* cit., para. 23.

150 Relatora Especial sobre los derechos de las personas con discapacidad, A/HRC/40/54, cit., para. 49 y Oficina del Alto Comisionado de Derechos Humanos de Naciones Unidas, *International standards on the right to liberty and security of persons with disabilities, Background Note,* cit., para. 47.

151 Este apartado establecía lo siguiente: "*Los Estados partes garantizarán que el tratamiento involuntario de las personas con discapacidades sea: (a) Minimizado a través de la promoción activa de alternativas; (b) Realizado solo en circunstancias excepcionales, de conformidad con*

El Comité sobre los Derechos de las Personas con Discapacidad ha advertido que algunas de las prácticas extendidas en el desarrollo de los internamientos involuntarios –como algunos tipos de tratamiento médico forzoso, el aislamiento y los métodos de contención, incluidas las contenciones físicas, químicas y mecánicas– "no son conformes con la prohibición de la tortura y otros tratos o penas crueles, inhumanos o degradantes de las personas con discapacidad" reconocida en el art. 15 CDPD y ha recomendado a los Estados parte que prohíban estas prácticas y que prevengan su aplicación, por ejemplo, mediante la intervención de las instituciones nacionales de prevención de la tortura, y que se investigue, se procese y se sancione a sus autores[152]. También los anteriores Relatores Especiales sobre la Tortura –si bien han mantenido, como luego se comprobará, posiciones un tanto divergentes en relación con la legitimidad de las medidas de internamiento involuntario– coinciden en considerar que cuando estas intervenciones conducen a infligir dolor y sufrimiento severo a las personas afectadas pueden caer en el ámbito de la Convención de la Tortura[153], lo que sucede cuando se aplican prácticas como las anteriormente mencionadas.

1.3.4. El derecho a la vida independiente y a ser incluido en la comunidad

El art. 19 de la Convención, que contempla el derecho a la vida independiente y a ser incluido en la comunidad, contribuye también a ofrecer argumentos adicionales en apoyo de la prohibición de la privación de la libertad por motivos de discapacidad y, en concreto, a favor de la erradicación de la figura del internamiento involuntario[154].

---

los procedimientos establecido por ley y con la aplicación de la ley apropiada salvaguardas; (c) Realizado en el entorno menos restrictivo posible, y que los mejores intereses de la persona en cuestión se tienen plenamente en cuenta; (d) Apropiado para la persona y proporcionado sin costo financiero para el individuo que recibe el tratamiento o para su familia". Vid. sobre el proceso de negociación del art. 17, BARTLETT, P., "The United Nations Convention on the Rights of Persons with Disabilities and Mental Health Law", cit., p. 769 y KANTER, A.S., *The Development of Disability Rights under International Law,* cit., pp. 205 y ss.

[152] *Directrices sobre el derecho a la libertad y la seguridad de las personas con discapacidad,* cit., paras. 12 y 19.

[153] Vid. el informe elaborado por Juan Méndez, A/HRC/22/53, 2013, para. 69 y el elaborado por Manfred Novak A/63/175, 2008, para. 65.

[154] Vid. Oficina del Alto Comisionado de las Naciones Unidas para los Derechos Humanos, A/HRC/28/37, cit., para. 20 e *International standards on the right to liberty and security of persons with disabilities, Background Note,* cit., para. 21.

Parece claro que internar a una persona con discapacidad en una institución psiquiátrica o asistencial sin su consentimiento o con el consentimiento de una tercera persona que le sustituye en la toma de esa decisión vulnera el derecho a elegir dónde, cómo y con quién vivir como aspecto central del art. 19 de la Convención contemplado expresamente en su apartado 1 (en estrecha conexión, de nuevo, con el art. 12)[155].

Pero es que, además, como ha remarcado el Comité sobre los Derechos de las Personas con Discapacidad, "el internamiento involuntario por motivos de deficiencia o de circunstancias conexas como la presunta peligrosidad" u "otros factores ... suele estar originado o se ve incrementado por la falta de servicios de apoyo específicos para la las personas discapacidad"[156] –cuya disponibilidad exige el apartado 2 del art. 19[157]– y, podríamos añadir, por la exclusión de este colectivo de los servicios existentes para la población en general y su falta de adaptación a sus necesidades –en contradicción con lo señalado en el apartado 3 del art. 19[158].

En este ámbito, resulta esencial incidir en que la incapacidad o el fallo de los Estados a la hora de eliminar las barreras existentes en los servicios generales y a la hora de proveer a las personas con discapacidad de formas de apoyo y asistencia individualizadas que les permitan vivir de modo independiente en la comunidad no puede considerarse una causa legítima para justificar su

155 Comité sobre los Derechos de las Personas con Discapacidad, *Observación General Nº5 Derecho a vivir de forma independiente y ser incluido en la comunidad*, 2017, CRDP/C/GC/5, para. 27.

156 Idem, para. 82. En este sentido, en las *Directrices sobre el derecho a la libertad y la seguridad de las personas con discapacidad*, para. 9 el Comité remarca la relación entre los arts. 14 y 19 y expresa su preocupación –reflejada en numerosas *Observaciones Finales*– por la falta de apoyos en la comunidad.

157 Como aclara el Comité, CRDP/C/GC/5, paras. 28 y 29 los servicios de apoyo individualizado deben considerarse un derecho y no una forma de atención médica, social o de beneficencia y deben tener como objetivo la plena inclusión en la comunidad de manera que cualquier forma institucional de servicios de apoyo que segregue y limite la autonomía personal no está permitida por el artículo 19 b).

158 De nuevo advierte el Comité, Idem, para. 32, que los servicios y las instalaciones que se mencionan en esta sección del artículo no son servicios de apoyo e instalaciones específicos para las personas con discapacidad, sino destinados a la población en general, abarcando una amplia gama de servicios que deben estar disponibles y ser universalmente accesibles, aceptables y adaptables para todas las personas con discapacidad.

separación de la misma, privándoles, además, de su libertad[159]. Todas estas consideraciones ponen de relieve que, como subraya el Comité sobre los Derechos de las Personas con Discapacidad, y como se resaltará especialmente en el último Capítulo del presente trabajo, "la aplicación del artículo 19 … impedirá en última instancia la violación del artículo 14" de la Convención[160].

1.3.5. El derecho de acceso a la justicia

El art. 13 de la Convención recoge el derecho de acceso a la justicia de las personas con discapacidad exigiendo su participación efectiva y en igualdad de condiciones en todas las posiciones y en todas las fases de los procedimientos judiciales, incluso mediante la aplicación de ajustes procedimentales y adecuados a la edad, y la capacitación de los profesionales que trabajan en el sistema justicia[161].

En relación con la cuestión concreta de la que se ocupa el presente trabajo, esto es, el impacto de la prohibición de la privación de la libertad por motivos de discapacidad en el internamiento involuntario[162], cabe recordar, en primer lugar, que el criterio del "peligro para terceros" es arbitrario, injusto y discriminatorio si tiene como resultado la privación de la libertad de las personas con discapacidad que no han cometido un hecho delictivo y contradice, además, el principio general de presunción de inocencia[163] (y por tanto, los arts. 13 y 14.2 de la Convención que exige, como se recordará, que las perso-

---

159 Relatora Especial sobre los derechos de las personas con discapacidad, A/HRC/40/54, cit., para. 48.

160 CRDP/C/GC/5, cit., para. 82.

161 Vid. sobre este precepto Oficina del Alto Comisionado de las Naciones Unidas para los Derechos Humanos, *Derecho de acceso a la justicia en virtud del artículo 13 de la Convención sobre los Derechos de las Personas con Discapacidad*, A/HRC/37/25, 2017, disponible en http://undocs.org/es/A/HRC/37/25 (última consulta 20 de julio de 2020). Vid. también los *Principios y directrices internacionales sobre el acceso a la justicia para las personas con discapacidad* adoptados en 2020 bajo la dirección de la ex Relatora especial sobre los derechos de las personas con discapacidad, disponibles en https://www.un.org/development/desa/disabilities/wp-content/uploads/sites/15/2020/10/Access-to-Justice-SP.pdf (última consulta 20 de noviembre de 2020).

162 Cabe señalar que el art. 13 de la Convención adquiere especial relevancia en relación con otra de las proyecciones de la prohibición de privación de la libertad por motivos de discapacidad, esto es, su impacto en los mecanismos de desviación del sistema penal que no será objeto de estudio en el presente trabajo.

163 Relatora Especial sobre los derechos de las personas con discapacidad, A/HRC/40/54, cit, para. 62.

nas con discapacidad privadas de su libertad en virtud de cualquier proceso cuenten en igualdad de condiciones con las demás personas con las garantías procedimentales y sustantivas vigentes en el Derecho Internacional de los Derechos Humanos).

En segundo lugar, conviene insistir en que la adecuación de los procedimientos a través de los cuales se adoptan las medidas de internamiento involuntario a las exigencias del art. 13 de la Convención no supondría en ningún caso su "convalidación" a los efectos del cumplimiento del art. 14. Como antes se advirtió, el internamiento involuntario debe considerarse una práctica contraria a la Convención también cuando se rodea de robustas garantías e incluso aunque se adoptase –cosa que no sucede en la actualidad– en procedimientos judiciales plenamente accesibles y adaptados que contasen con ajustes procedimentales que permitiesen la participación efectiva de las personas con discapacidad afectadas por esta medida.

En todo caso, en virtud del art. 13 de la Convención se debe garantizar a todas las personas con discapacidad el derecho a recurrir cualquier privación de su libertad[164]. En particular, en tanto la privación de la libertad por motivos de discapacidad que implica el internamiento involuntario es considerada, tal y como ha señalado el Comité sobre los Derechos de las Personas con Discapacidad, como una forma de detención discriminatoria y arbitraria las personas con discapacidad sometidas a esta práctica deben tener acceso a mecanismos administrativos y judiciales que respeten las garantías del debido proceso –y, por ende, que cumplan todas las exigencias del art. 13 de la Convención, posibilitando su participación efectiva– que les permitan recurrir la justificación de su privación de la libertad y obtener una adecuada compensación, reparación y restitución[165]. En el caso de que la privación de la libertad se considere arbitraria la restitución debe implicar la restauración de la situación de libertad[166] y las medidas de compensación y reparación deben extenderse a cual-

---

164 Idem, paras. 55 y 73 y 74.

165 *Directrices sobre el derecho a la libertad y la seguridad de las personas con discapacidad* cit., para. 24. En relación con esta cuestión el Comité remite a las consideraciones del Grupo de Trabajo sobre la Detención Arbitraria, *Basic Principles and Guidelines on Remedies and Procedures on the Right of Anyone Deprived of His or Her Liberty by Arrest or Detention to Bring Proceedings Before Court*, 2015, A/HRC/30/37, para. 107 disponible en https://www.ohchr.org/EN/Issues/Detention/Pages/DraftBasicPrinciples.aspx (última consulta 20 de julio de 2020).

166 Relatora Especial sobre los derechos de las personas con discapacidad, A/HRC/40/54, cit., para. 74. Así lo indica en general el Grupo de Trabajo sobre la Detención Arbitraria en los principios citados en la nota anterior, para. 26.

quier otra violación de derechos que se haya podido sufrir durante la ejecución de la medida de internamiento involuntario, incluidas las situaciones de explotación, violencia y abuso, cuestión a la que se refiere el siguiente apartado.

1.3.6. El derecho a la protección frente a la explotación, la violencia y el abuso

Las personas con discapacidad privadas de su libertad bajo formas específicamente diseñadas para este colectivo, como sucede en el caso del internamiento involuntario, tienen un mayor riesgo de ser víctimas de diferentes formas de explotación, violencia y abuso. El art. 16 de la Convención exige la protección de las personas con discapacidad frente a estas conductas y, en concreto, su apartado 3 pone especial énfasis en la supervisión efectiva de todos los servicios y programas que presten apoyo a las personas con discapacidad por autoridades independientes.

Pues bien, el Comité sobre los Derechos de las Personas con Discapacidad ha subrayado la necesidad de implementar –contando con la implicación de la sociedad civil[167]– mecanismos de supervisión y vigilancia independientes en relación con las personas con discapacidad privadas de su libertad[168], no solo en las prisiones, sino también en otras instituciones en las que se pueden, o no, estar practicando internamientos involuntarios o tratamientos forzosos[169]. En cualquier caso, como de nuevo aclara el propio Comité, la exigencia de supervisión de las instituciones existentes y la revisión de las detenciones "no implican la aceptación de la práctica del internamiento forzoso"[170]. La vigilancia de las instituciones en las que se practican internamientos involuntarios debe cubrir la prevención y la investigación de posibles violaciones de derechos humanos[171] y los mecanismos o procedimientos de revisión han de tener como

[167] Y ello en cumplimiento del art. 33 de la Convención.

[168] *Directrices sobre el derecho a la libertad y la seguridad de las personas con discapacidad,* cit., para. 19.

[169] Oficina del Alto Comisionado de las Naciones Unidas para los Derechos Humanos, *International standards on the right to liberty and security of persons with disabilities, Background Note,* cit., para. 52.

[170] Ibídem y *Directrices sobre el derecho a la libertad y la seguridad de las personas con discapacidad,* cit., para. 19.

[171] Oficina del Alto Comisionado de las Naciones Unidas para los Derechos Humanos, *International standards on the right to liberty and security of persons with disabilities, Background Note,* cit., para. 52.

objetivo cuestionar la propia justificación de la detención, contribuyendo a garantizar la prohibición absoluta de la privación de libertad sobre la base de la discapacidad o las deficiencias y a obtener la inmediata liberación de las personas "que se determine han sido recluidas arbitrariamente", sin que bajo ninguna circunstancia pueda permitirse la extensión de la detención arbitraria[172].

***

Como se ha puesto de relieve a lo largo del presente Capítulo, el modelo de la Convención reclama la eliminación de cualquier forma de privación de la libertad basada en la discapacidad o las deficiencias y, por ende, exige la necesaria prohibición y abolición de la figura del internamiento involuntario que supone, no sólo una violación del derecho a la libertad, sino que implica, además, la vulneración de otros muchos derechos de las personas con discapacidad. Ahora bien, como se comprobará, en los dos siguientes Capítulos la obligación de poner fin a esta práctica, en la que ha insistido repetidamente el Comité sobre los Derechos de las Personas con Discapacidad, encuentra fuertes resistencias tanto por parte de algunos organismos y mecanismos de los sistemas internacionales de protección de los derechos humanos como por parte de los gobiernos nacionales.

---

172 *Directrices sobre el derecho a la libertad y la seguridad de las personas con discapacidad,* cit., para. 19.

Capítulo 2
La interpretación de la prohibición de la privación de la libertad por motivos de discapacidad por otros mecanismos de los sistemas internacionales de protección de los derechos humanos

El alcance de la prohibición de la privación de la libertad por motivos de discapacidad establecida en el art. 14 CDPD y la admisibilidad de los internamientos involuntarios son en la actualidad cuestiones esencialmente controvertidas en torno a las cuales subsisten importantes discrepancias que se han reflejado también en la posición de los órganos y mecanismos de los sistemas internacionales de protección de los derechos humanos.

El presente Capítulo se centrará, en primer lugar, en analizar el planteamiento que en torno a esta temática han defendido, tras la adopción de la CDPD, los órganos de tratados, los procedimientos especiales del Consejo de Derechos Humanos y otros mecanismos del sistema de protección universal de los derechos humanos de Naciones Unidas.

En segundo lugar, y, en el marco del sistema de protección de los derechos humanos del Consejo de Europa, se analizará la posición asumida por el Tribunal Europeo de Derechos Humanos en aplicación del art. 5.1.e) de la *Convención Europea de Derechos Humanos* que regula la privación de la libertad de las "personas enajenadas" y el debate generado entre algunos de los principales actores de este sistema al hilo del proyecto de *Protocolo Adicional del Convenio de Derechos Humanos y Biomedicina* (conocido como Convenio de Oviedo).

2.1. EL ESTADO DE LA CUESTIÓN EN EL SISTEMA DE PROTECCIÓN DE LOS DERECHOS HUMANOS DE NACIONES UNIDAS

Según se señaló en la introducción, ninguno de los tratados de derechos humanos del sistema universal de protección de los derechos humanos de Naciones Unidas incluye de manera expresa modulaciones o restricciones en el ejercicio y disfrute del derecho a la libertad basadas en la discapacidad, ni autoriza específicamente el internamiento involuntario de personas con discapacidad intelectual, con discapacidad psicosocial o con otras discapacidades de carácter cognitivo en centros de salud mental o en instituciones asistenciales. Ahora bien, estas limitaciones sí que se han recogido en instrumentos de *soft Law*, básicamente por lo que interesa al objeto del presente trabajo, en los *Principios de protección de los enfermos mentales y el mejoramiento de la atención de la salud mental*, que sirvieron de marco a la mayoría de las legislaciones en salud mental vigentes en el mundo[173], y que permiten el internamiento forzoso, el tratamiento involuntario y el recurso a otras medidas coercitivas estableciendo ciertas salvaguardas y garantías en su aplicación.

En particular el Principio 16 menciona los requisitos para la admisión involuntaria en una institución psiquiátrica, exigiendo que se determine por un médico calificado y autorizado por ley que la persona padece una enfermedad mental y que se considere que "debido a esa enfermedad mental existe un riesgo grave de daño inmediato o inminente para esa persona o para terceros" o que "en el caso de una persona cuya enfermedad mental sea grave y cuya capacidad de juicio esté afectada, el hecho de que no se la admita o retenga puede llevar a un deterioro considerable de su condición o impedir que se le proporcione un tratamiento adecuado que sólo puede aplicarse si se admite al paciente en una institución psiquiátrica de conformidad con el principio de la opción menos restrictiva". Estos *Principios* (vid. además del Principio 16, los Principios 17 y 18) establecen también ciertas salvaguardas en la aplicación de estas medidas, entre ellas, garantías procesales y la necesidad de revisión inicial y periódica por un órgano judicial u otro órgano independiente e imparcial.

El Principio 11 establece excepciones a la necesidad consentimiento informado al tratamiento médico entre las que se encuentra su aplicación a los

---

[173] FIGUEROA SAN MARTÍN, F., "Internamientos involuntarios y tratamientos forzados en psiquiatría", cit., p. 112.

pacientes "involuntarios" (apartado 6a). El apartado 11 permite el uso de restricciones físicas y la reclusión involuntaria cuando, conforme a procedimientos oficialmente aprobados de la institución psiquiátrica, se determine que se trata del único medio disponible para impedir un daño inmediato o inminente al paciente o a terceros. No obstante, en el apartado 14 se prohíbe la aplicación de tratamientos psico-quirúrgicos u otros tratamientos irreversibles o que modifican la integridad de la persona a pacientes involuntarios, estableciéndose que estos sólo podrán aplicarse a cualquier otro paciente "cuando éste haya dado su consentimiento informado y cuando un órgano externo independiente compruebe que existe realmente un consentimiento informado y que el tratamiento es el más conveniente para las necesidades de salud del paciente".

Según también se avanzó, antes de la entrada en escena de la CDPD, las restricciones al derecho a la libertad basadas en la discapacidad se habían venido considerando lícitas y necesarias por los principales organismos del sistema de Naciones Unidas. Tras la adopción de la CDPD, mientras que algunos órganos de tratados y algunos procedimientos especiales del Consejo de Derechos Humanos se han alineado con la posición asumida por el Comité sobre los Derechos de las Personas con Discapacidad, explicada en el anterior Capítulo, rechazando cualquier privación de la libertad justificada en la discapacidad y, por ende, los internamientos involuntarios, otros mecanismos no han asumido esta postura e incluso se han opuesto abiertamente a los planteamientos de dicho Comité[174].

2.1.1. Planteamientos que apoyan la posición del Comité sobre los Derechos de las Personas con Discapacidad

Entre los organismos que han apoyado de manera más o menos explícita los nuevos estándares en relación con la privación de la libertad de las per-

[174] Vid. un análisis de estos desacuerdos en los trabajos de DOYLE GUILLOUD, S., "Charting a path to the provision of non-coercive mental healthcare: the roots and branches of universal legal capacity and the support paradigm" y "The right to liberty of persons with psychosocial disabilities at the United Nations: A tale of two interpretations", ambos ya citados. Vid. también PORXAS ROIG, M.A., *El dogma de las capacidades y la racionalidad*, cit., pp. 369 y ss.; Oficina del Alto Comisionado de las Naciones Unidas para los Derechos Humanos, *International standards on the right to liberty and security of persons with disabilities, Background Note*, cit., paras. 57 y 58 y Relatora Especial sobre los derechos de las personas con discapacidad, A/HRC/40/54, cit., paras. 25-33.

sonas con discapacidad incorporados en el 14 CDPD tal y como han sido interpretados por su Comité cabe mencionar, en primer lugar, al Comité de Derechos Económicos, Sociales y Culturales. Este Comité ha recomendado "la abolición de prácticas violentas y discriminatorias contra niños y adultos con discapacidades en el entorno médico, incluida la privación de libertad, el uso de restricciones y la administración forzada de tratamientos intrusivos e irreversibles, como medicamentos neurolépticos y terapia electroconvulsiva"[175].

Por su parte, el Comité de la Convención para la Eliminación de todas las formas de Discriminación contra la Mujer (CEDAW) ha sido algo ambiguo en sus posicionamientos. Así, en algunas de sus *Observaciones Finales* este Comité parece respaldar la prohibición absoluta de la privación de la libertad sobre la base de las deficiencias y otros factores relacionados, instando a la prohibición de la detención de mujeres por razón de su discapacidad, incluida la hospitalización involuntaria y la institucionalización forzada y a la derogación de las leyes que permiten estas prácticas, defendiendo la aplicación del principio del consentimiento libre e informado en todas las intervenciones médicas y solicitando la implementación del art. 12 de la CDPD[176]. Sin embargo, en otras *Observaciones* parece aceptar la privación de la libertad por motivos de discapacidad siempre y cuando se rodee de garantías procedimentales adecuadas[177].

La Oficina del Alto Comisionado de las Naciones Unidas para los Derechos Humanos defendió ya en un primer estudio publicado en el año 2009,

---

[175] Ver sus *Observaciones Finales* en relación con la República de Moldavia, 2011, E/C.12/MDA/CO/2, para. 24. En sus *Observaciones Finales* de 2017 con respecto a Australia, E/C.12/AUS/CO/5, el Comité manifestó su preocupación por "que las leyes de salud mental en muchos estados y territorios del Estado parte permitan el tratamiento obligatorio ..." e instó al Estado parte a "revisar su enfoque de la salud mental y garantizar el pleno respeto de los derechos humanos de las personas con discapacidades cognitivas o psicosociales" y, en particular, a "revocar toda la legislación que autoriza la intervención médica sin la libertad, consentimiento previo e informado de las personas con discapacidad afectadas". El Comité también sugirió a Australia que "tome medidas efectivas para encontrar soluciones de vida alternativas y priorizar entornos de vida basados en la comunidad para personas con discapacidades cognitivas o psicosociales".

[176] Vid. Comité para la Eliminación de toda las Formas de Discriminación contra la Mujer, *Observaciones Finales del cuarto y quinto informe periódico de India*, 2015, CEDAW/C/IND/ CO/4–5., para. 37 y *Observaciones Finales del cuarto y quinto informe periódico de la República de Moldavia*, 2013, CEDAW/C/MDA/CO/4-5, para. 38(d).

[177] Comité para la Eliminación de toda las Formas de Discriminación contra la Mujer *Observaciones Finales del quinto informe periódico de Kuwait,* CEDAW/C/KWT/CO/5, para. 39.

que la CDPD prohíbe cualquier privación de la libertad basada en la discapacidad, incluso cuando la misma se justifica en la combinación de la discapacidad intelectual o psicosocial con otros elementos, como la peligrosidad o la necesidad de cuidado o de tratamiento[178] y solicitó a los Estados la abolición de cualquier legislación "que permita la institucionalización de las personas con discapacidad sin su consentimiento libre e informado" sobre la base de sus deficiencias[179].

Más recientemente el Alto Comisionado en un estudio sobre salud mental y derechos humanos ha recalcado que el enfoque de la discapacidad basado en los derechos humanos requiere "la aplicación incondicional del principio de no discriminación en lo que respecta a las personas con discapacidad" y ha defendido que "no se puede aducir ningún otro calificativo relacionado con las deficiencias para justificar la restricción de derechos humanos" aclarando que lo anterior implica, "por ejemplo, que las personas con discapacidad psicosocial no pueden ser privadas arbitrariamente de la libertad en razón de su deficiencia, incluso en el caso de que se alegue un supuesto peligro para sí mismas o para terceros"[180]. Así, este informe suscribe expresamente la opinión del Comité CDPD defendiendo el carácter absoluto de la prohibición de la privación de la libertad por motivos de discapacidad establecida en el art. 14 de la Convención[181] y señalando que ello supone "la proscripción del ingreso

---

178 A/HRC/10/48, cit., para. 48.

179 Ibídem. De acuerdo con la interpretación amplia de la prohibición de la privación de la libertad por motivos de discapacidad se indica en este estudio que esta abolición incluye "la derogación de las disposiciones que autorizan la institucionalización de las personas con discapacidad para su cuidado y tratamiento sin su consentimiento libre e informado, así como las disposiciones que autorizan la detención preventiva de las personas con discapacidad por motivos tales como la probabilidad de que representen un peligro para ellos mismos u otros, en todos los casos en que tales motivos de atención, tratamiento y seguridad pública están vinculados en la legislación a una enfermedad mental aparente o diagnosticada". De cualquier forma, se aclara a continuación –y este puede ser un punto de discrepancia con el Comité de la CDPD– que "esto no debe interpretarse en el sentido de que las personas con discapacidad no pueden ser sometidas legalmente a detención por atención y tratamiento o detención preventiva, sino que los fundamentos legales sobre los que se determina la restricción de la libertad deben desvincularse de la discapacidad y definirse de manera neutral" de manera que resulten aplicables "a todas las personas en igualdad de condiciones".

180 A/HRC/34/32, cit., para. 23.

181 Vid. Idem, paras. 29-32. Se afirma en este informe que "el Comité sobre los Derechos de las Personas con Discapacidad ha confirmado clara y sistemáticamente el planteamiento no discriminatorio del derecho a la libertad, que establece "la prohibición inequí-

en instituciones y el tratamiento no consentido"[182]. En este sentido, se advierte que "el internamiento forzoso vulnera el derecho a la libertad y seguridad personales, entendidas como ausencia de confinamiento físico y protección contra lesiones a la integridad físicas o psicológicas, respectivamente" y se denuncia que esta práctica implica, además, "una vulneración del derecho a no sufrir tortura y malos tratos y a no ser sometido a explotación, violencia y abusos, así como del derecho a la integridad personal" instándose a los Estados parte "a derogar las leyes o normas que autorizan o perpetúan el internamiento involuntario, incluida su imposición como amenaza, y ofrecer recursos efectivos y reparación a las víctimas" [183].

También el Grupo de Trabajo sobre la Detención Arbitraria ha afirmado que el internamiento involuntario sobre la base de una discapacidad real o percibida, y, en particular, sobre la base de una discapacidad intelectual o psicosocial está prohibido y ha considerado que los Estados deben adoptar medidas para evitar y remediar estos internamientos y diseñar estrategias de desinstitucionalización de acuerdo con el modelo de derechos humanos[184].

El ex Relator Especial sobre los derechos de las personas con discapacidad Shuaib Chalklen mostró su acuerdo con la interpretación del art. 14 realizada por el Comité CDPD en sus consideraciones sobre el *Comentario General Nº35* del Comité sobre Derechos Humanos, al que se aludirá después[185]. La ya también ex Relatora Catalina Devandas presentó en 2017 un informe que incluía un estudio temático sobre el derecho de las personas con discapacidad al igual reconocimiento como persona ante la ley[186] que suscribe, asimismo, la posición del Comité CDPD en relación con los internamientos y tratamientos involuntarios. En su informe de 2018 sobre los desafíos que enfrentan las personas con discapacidad en el disfrute de su derecho al más alto nivel de salud

---

voca", de privar de la libertad por motivos de deficiencia, guarde o no relación con otros factores", Idem, para. 29.

182 Ibídem.

183 Idem, para. 31.

184 WGAD/CRP.1/2015, cit., paras. 56 y 122. En todo caso, en *su Opinión No. 8/2018*, A/HRC/WGAD/2018/8 parece matizarse esta posición.

185 *Urgent Request to Amend the Human Rights Committee's Draft Version of General Comment No. 35 (CCPR/C/107/R.3) on Article 9 (Right to Liberty and Security of Person) Bringing it in Line with the UN Convention on the Rights of Persons with Disabilities*," 2014, disponible en http://www.ohchr.org/Documents/HRBodies/CCPR/GConArticle9/Submissions/SRDisability.doc (última consulta 30 de julio de 2020).

186 A/HRC/37/56.

posible la ex Relatora afirma el deber de los Estados de "revocar de inmediato toda legislación discriminatoria que permita la hospitalización y el tratamiento de personas con discapacidad sin su consentimiento libre e informado, y/o cuando lo decida un tercero, incluidos los tutores, familiares y profesionales de la salud"[187]. En enero de 2019 publicó, además, un estudio temático sobre las formas de específicas de privación de la libertad de las personas con discapacidad, entre las que se incluye el internamiento involuntario, en el que se califican estas prácticas como una violación de derechos humanos "a escala masiva"[188]. Este estudio defiende la interpretación que realiza el Comité CDPD del derecho a la libertad y a la seguridad remarcando, además, su conexión con otros derechos. La ex Relatora considera la prohibición de la privación de la libertad por motivos de discapacidad como una prohibición absoluta, exige la derogación de las leyes que la permiten, incluidas las leyes neutrales que tienen un impacto desproporcionado en las personas con discapacidad y reclama la abolición de los internamientos involuntarios y los tratamientos forzosos basados en una discapacidad o en una deficiencia real o percibida[189].

El anterior Relator Especial sobre el derecho de toda persona al disfrute del más alto nivel posible de salud física y mental, Anand Grover, señaló, asimismo, que la CDPD establece que la existencia de deficiencias no constituye "una justificación legal para ninguna privación de libertad" y reclamó la abolición de la legislación que permite la institucionalización de personas con discapacidad sobre la base de su discapacidad, sin su consentimiento libre e informado" [190]. Por su parte, el actual Relator Dainius Pūras ha advertido que las diferentes interpretaciones adoptadas por los mecanismos internacionales de derechos humanos –algunos de los cuales, indica, no comparten la prohibición absoluta del internamiento y el tratamiento involuntarios articulada por el Comité de la CDPD– suponen que "nos encontramos en un punto muerto en cuanto a la manera de aplicar las obligaciones relativas a los tratamientos no consentidos a la luz de las disposiciones de la Convención sobre los Derechos de las Personas con Discapacidad" y ha reclamado la necesidad de

187 A/73/161, cit., para. 50.

188 A/HRC/40/54, cit., par. 85.

189 Idem, para. 64.

190 A/64/272, 2009, para. 72. Sin embargo, este mismo informe no tiene una posición tan rotunda en relación con los tratamientos médicos forzosos, Idem, para. 73.

llegar a un consenso en la materia[191]. Aunque no se alinea expresamente con la posición del Comité CDPD, "tomando en consideración que el derecho a la salud se entiende en la actualidad en el marco de la Convención sobre los Derechos de las Personas con Discapacidad", considera este Relator que "es preciso adoptar medidas inmediatas para reducir radicalmente la coacción en el ámbito médico y facilitar la erradicación de todos los tratamientos psiquiátricos e internamientos forzosos"[192]. En esta línea, el Relator –si bien "toma nota de las inquietudes de las diversas partes interesadas, en particular en el ámbito de las comunidades médicas, con respecto a la prohibición absoluta de todos los tipos de medidas no consensuales" y "reconoce que su reducción radical y eventual eliminación es un proceso difícil que llevará tiempo"– afirma que "existe consenso sobre la prevalencia inaceptablemente alta de violaciones de los derechos humanos en centros de salud mental y que es necesario un cambio"; mantiene que "en lugar de utilizar argumentos jurídicos o éticos para justificar el *statu quo*, se precisan esfuerzos concertados para abandonar estas prácticas" y entiende que "ya no es aceptable que no se adopten medidas inmediatas para efectuar dicho cambio"[193].

Para cerrar este apartado, cabe señalar que la Organización Mundial de la Salud (OMS) retiró su *Libro de recursos sobre salud mental,* derechos humanos y legislación, por considerar que, al estar redactado antes de la adopción de la CDPD, se alejaba de sus estándares. La OMS se ha comprometido, además, a basar su trabajo en las exigencias de la Convención abogando por la capacitación y por la creación de mecanismos de apoyo para las personas con discapacidad psicosocial, intelectual y cognitiva desde un enfoque de derechos humanos[194].

2.1.2. Planteamientos enfrentados a la posición del Comité sobre los Derechos de las Personas con Discapacidad

Como se advirtió, no todos los mecanismos del sistema de protección de derechos humanos de Naciones Unidas apoyan la interpretación del derecho a la libertad y la seguridad de las personas con discapacidad defendida por el

---

191 A/HRC/35/21, cit., paras. 33 y 34.

192 Idem, par. 65.

193 Idem, para. 66.

194 World Health Organization, *Quality Rights guidance and training tools,* disponible en www.who.int/mental_health/policy/quality_rights/en.

Comité CDPD abogando –eso sí, con ciertas cautelas– por el mantenimiento de los internamientos involuntarios.

Aunque el art. 9 del *Pacto Internacional de Derechos Civiles y Políticos* (PIDCP) no incluye ninguna restricción al derecho a la libertad sobre la base de la discapacidad, el Comité de Derechos Humanos en su *Comentario General Nº35* –aprobado tan solo unos meses después de la adopción por parte del Comité CDPD del *Statement* sobre el art. 14 y de la *Observación General Nº1* sobre el art. 12– señala que dicho precepto admite estas limitaciones en determinadas circunstancias[195].

En este Comentario el Comité de Derechos Humanos advierte del "daño inherente de cualquier privación de libertad y también de los daños concretos a que pueden dar lugar las situaciones de hospitalización involuntaria" y se refiere al deber de los Estados de revisar "las leyes y prácticas anticuadas en el ámbito de la salud mental con el fin de evitar la reclusión arbitraria" y de "proporcionar servicios comunitarios o servicios sociales alternativos para las personas con discapacidad psicosocial a fin de ofrecer alternativas al confinamiento que sean menos restrictivas". Sin embargo, entiende que lo que prohíbe el art. 9 PIDCP es que la discapacidad "por sí sola" pueda justificar la privación de la libertad. Así, considera que la privación de la libertad de las personas con discapacidad debe "ser necesaria y proporcional, con el propósito de impedir que el interesado se haga daño o cause lesiones a terceros". De esta forma, el Comité de Derechos Humanos contradice el estándar establecido por el art. 14 CDPD al admitir que la discapacidad pueda ser un motivo para la privación de la libertad en combinación con el criterio de la peligrosidad para la propia persona o terceros. En todo caso, señala el Comité, siguiendo sus precedentes en la materia[196], que en estas situaciones la privación de la libertad deberá aplicarse únicamente como medida de último recurso y por el período de tiempo apropiado más breve posible e ir acompañada de garantías procesales y sustantivas adecuadas entre las que menciona expresamente

195 Vid. para. 19. De hecho la adopción de las *Directrices sobre el derecho a la libertad y a la seguridad de las personas con discapacidad* por parte del Comité CDPD obedece, entre otras razones, como antes se apuntó, a la aprobación de este Comentario por parte del Comité de Derechos Humanos

196 Este Comité ha abordado directamente la cuestión de la privación de la libertad de las personas con discapacidad únicamente en dos casos ambos con anterioridad a la adopción de la Convención –*A. v. New Zealand* y *Fijalkowska v. Poland* (*Comunicación Nº. 754/97* y *Comunicación Nº 1061/2002*)– asumiendo claramente en su tratamiento los presupuestos básicos del modelo médico de tratamiento de la discapacidad.

la obligación de que los procedimientos aplicables aseguren el respeto de las opiniones de la persona y que todo representante verdaderamente represente y defienda la voluntad y los intereses de las personas afectadas, el deber de ofrecer a las personas internadas en instituciones programas de tratamiento y rehabilitación que sirvan a los fines aducidos para justificar la reclusión y de prestarles la asistencia necesaria para posibilitar el acceso a recursos efectivos para reivindicar sus derechos, incluida la revisión judicial inicial y periódica de la legalidad de la reclusión y la necesidad de su mantenimiento, y para impedir condiciones de reclusión incompatibles con el PIDCP.

El Comité contra la Tortura ha expresado su preocupación acerca del gran número de personas con discapacidad privadas de su libertad en instituciones médicas, de asistencia social y psiquiátricas, así como por el recurso a medidas tales como el aislamiento, el empleo de contenciones y la medicación forzosa, señalando que pueden llegar a constituir un trato degradante, y por la ausencia de salvaguardas legales.[197] Ahora bien, este Comité acepta, en la línea del Comité de Derechos Humanos, la aplicación del internamiento y del tratamiento involuntario en algunas situaciones como último recurso y recomienda, asimismo, asegurar la existencia de mecanismos de supervisión efectivos y de garantías legales apropiadas, garantizar la capacitación adecuada del personal médico y no médico y el uso de estrategias de desinstitucionalización y el recurso a servicios ambulatorios y comunitarios[198].

Por su parte, el Subcomité para la prevención de la Tortura en un documento aprobado en 2016 se refiere al art. 14 de la CDPD recordando la prohibición de que la discapacidad pueda justificar la privación de la libertad[199]. No obstante, en este mismo documento se legitima la detención de las personas con problemas de salud mental para proteger a la propia persona o evitar un daño a terceros[200] y para garantizar el acceso a la atención y el tratamiento especializado cuando ello resulte necesario para proteger a la persona de la discriminación, del abuso y de los riesgos a la salud derivados de la enfermedad[201].

---

197 Vid. por ejemplo, CAT/C/NLD/CO/5–6, para. 21, CAT/C/LTU/CO/3, para. 23 y CAT/C/USA/CO/3-5, para. 20.

198 CAT/C/LTU/CO/3*, CAT/C/NLD/CO/5-6, para. 21; CAT/C/LTU/CO/3, para. 23; CAT/C/SWE/CO/6-7, para. 13 y CAT/C/HRV/CO/4-5, para. 17 o CAT/C/MDA/CO/3.

199 *Approach of the Subcommittee on Prevention of Torture and Other Cruel, Inhuman or Degrading Treatment or Punishment regarding the rights of persons institutionalized and treated medically without informed consent*, 2016, CAT/OP/27/2., para. 4.

200 Idem, para. 11.

201 Idem, para. 8.

En 2008 el entonces Relator Especial sobre la Tortura y otros tratos o penas crueles, inhumanos o degradantes, Manfred Novak, aprobó un informe en el que consideraba que el art. 14 prohíbe la privación de la libertad basada en la discapacidad también cuando se combina con otros criterios adicionales[202]. Sin embargo, posteriormente su sucesor Juan Méndez matizó esta posición al entender que, si bien la presencia de un "trastorno mental", incluso si posee cierta gravedad, no es suficiente por sí sola para justificar una medida de internamiento involuntario, dicha medida puede ser legítima en casos de emergencia y cuando se demuestre la necesidad de proteger la seguridad de la propia persona o de terceros[203]. El actual Relator Nils Melzer no se ha posicionado expresamente hasta el momento sobre esta temática, pero el Informe que presentó en 2019 ante el Consejo de Derechos Humanos parece indicar que considera apropiada la práctica del internamiento involuntario siempre y cuando se garantice que es "legal, estrictamente requerida y proporcionada a las circunstancias"[204].

2.2. EL ESTADO DE LA CUESTIÓN EN EL CONSEJO DE EUROPA

A diferencia de lo que sucede en el sistema de Naciones Unidas, en el sistema europeo de protección de los derechos humanos sí que encontramos instrumentos de *hard law* que establecen expresamente restricciones específicas del derecho a la libertad basadas en la discapacidad.

---

202 A/63/175, cit., para. 64.

203 A/HRC/22/53, cit., para. 69. En relación con este informe se publicó un volumen en el que se recogieron las contribuciones de más de 30 personas expertas algunas de las cuales, desde puntos de vista en ocasiones radicalmente enfrentados, difieren de los planteamientos defendidos por el Relator Especial en relación con el internamiento y el tratamiento involuntario, Vid. AAVV, *Torture in Healthcare Settings: Reflections on the Special Rapporteur on Torture's 2013 Thematic Report,* Center for Human Rights and Humanitarian Law, American University. Como ejemplos de visiones críticas con las consideraciones realizadas por Juan Méndez en este informe y, a su vez, radicalmente diferentes entre sí en su posicionamiento puede consultarse el "Joint Statement from the American Psychiatric Association and the World Psychiatric Association in Response to the Report of the Special Rapporteur" y el trabajo de Minkowitz, T., "A Response to the Report by Juan E. Méndez, Special Rapporteur on Torture. Dealing with Torture in the Context of Health Care, as it Pertains to Nonconsensual Psychiatric Interventions" incluidos en el citado volumen en las páginas 141-150 y 227-262 respectivamente.

204 A/HRC/40/59, cit., para. 60. Vid. DOYLE GUILLOUD, S., "The right to liberty of persons with psychosocial disabilities at the United Nations", cit, p. 7.

En primer lugar, la *Convención Europea de Derechos Humanos* (en adelante CEDH) en su art. 5.1.e permite la privación de la libertad, de acuerdo con el procedimiento establecido por la ley, "*de una persona susceptible de propagar una enfermedad contagiosa,* ***de un enajenado****, de un alcohólico, de un toxicómano o de un vagabundo*"[205]. En segundo lugar, el *Convenio de Derechos Humanos y Biomedicina* de 1997, conocido como Convenio de Oviedo[206], establece en sus arts. 6[207] y 7[208] excepciones al derecho de toda persona a no ser sometida intervenciones médicas sin mediar su consentimiento libre e informado en relación con las personas con "disfunción mental" o "trastornos mentales" permitiendo que se les apliquen tratamientos médicos involuntarios e internamientos forzosos.

A estos Convenios hay que sumar, ya como instrumento de *soft law*, la *Recomendación R (2004) 10 sobre la protección de los derechos humanos y la dignidad de las personas con trastornos mentales* que se centra, precisamente, en la regulación de la aplicación de los tratamientos o internamientos involuntarios, estableciendo algunos requisitos y garantías.

En este sentido, la Recomendación establece que una persona sólo puede ser sometida a un tratamiento o a un internamiento involuntario si tiene un trastorno mental, si su estado comporta un riesgo real de daño grave para sí misma o para terceros, si la medida tiene un fin terapéutico, si no existe un me-

---

205 La negrita es mía. Vid. sobre este precepto la guía elaborada por el Tribunal Europeo de Derechos Humanos, *Guide on Article 5 of the European Convention on Human Rights*, 2019. Se ha indicado, con razón, que este precepto está orientado a la privación de derechos de las personas con discapacidad y no tanto a su protección, BARLETT, P., LEWIS, O. y THOROL, O., *Mental Disability and the European Convention on Human Rights*, Brill | Nijhoff, 2007, p. 17.

206 Vid. sobre este Convenio ROMEO CASABONA, C.M., *El Convenio de Derechos Humanos y biomedicina: su entrada en vigor en el ordenamiento jurídico español,* Comares, Granada, 2002.

207 Este artículo dispone en su apartado 3 que "*cuando, según la ley, una persona mayor de edad no tenga capacidad, a causa de una disfunción mental, una enfermedad o un motivo similar, para expresar su consentimiento para una intervención, ésta no podrá efectuarse sin la autorización de su representante, una autoridad o una persona o institución designada por la Ley. La persona afectada deberá intervenir, en la medida de lo posible, en el procedimiento de autorización*".

208 Este precepto establece "*La persona que sufra un trastorno mental grave sólo podrá ser sometida, sin su consentimiento, a una intervención que tenga por objeto tratar dicho trastorno, cuando la ausencia de este tratamiento conlleve el riesgo de ser gravemente perjudicial para su salud y a reserva de las condiciones de protección previstas por la ley, que comprendan los procedimientos de supervisión y control, así como los de recurso*".

dio menos restrictivo de atención, y si la opinión de la persona ha sido tomada en consideración (vid. en particular los artículos 17 y 18). Además, se regulan otras garantías adicionales como la reevaluación de la medida, la consulta con los allegados de la persona, que la decisión se adopte por un tribunal o instancia competente y se establece un sistema de recursos. En el caso del tratamiento involuntario se exige, por ejemplo, que responda a síntomas específicos, que sea proporcional al estado de salud y administrado por personal cualificado, o que sea sustituido lo antes posible por un tratamiento voluntario. La *Recomendación* regula también el empleo de otros medios coercitivos (como el aislamiento y la contención) estableciendo algunas garantías y permite con carácter excepcional tratamientos que tengan efectos físicos irreversibles o supongan una intrusión significativa. Algunos movimientos de personas con discapacidad mental se mostraron muy críticos con esta *Recomendación* en el momento de su aprobación, cuestionando que las medidas en las que se centra fuesen respetuosas con los derechos humanos; y han denunciado después su contradicción con los estándares de la CDPD.

Como enseguida se comprobará, los principios establecidos en esta *Recomendación* han sido tomados en consideración –si bien no en todos los casos, ni interpretados siempre de la forma más exigente– por el Tribunal Europeo de Derechos Humanos (en adelante TEDH) en la aplicación del art. 5.1.e de la CEDH, jurisprudencia cuyos aspectos principales relacionados con los internamientos involuntarios se analizarán en el siguiente en el apartado.

2.2.1. La jurisprudencia del Tribunal Europeo de Derechos Humanos en aplicación del art. 5.1. e) de la Convención Europea de Derechos Humanos

El art. 5.1.e CEDH se refiere a la privación de la libertad de diversas categorías de personas entre las que se hace referencia a las personas "enajenadas"[209]. El TEDH ha indicado que el término persona enajenada (*person of unsound of*

[209] Como señala el TEDH en su *Guide on Article 5 of the European Convention on Human Rights*, cit. para. 105, citando la sentencia del caso *Enhorn v. Suecia* de 25 de junio de 2005, entre las personas mencionadas en el art. 5.1.e) "existe un vínculo … en el sentido de que pueden ser privadas de su libertad, ya sea para recibir tratamiento médico o por consideraciones dictadas por la política social, o por ambas razones médicas y sociales". De este modo, entiende que "la razón por la cual la Convención permite que estas personas, todas ellas socialmente desajustadas, sean privadas de su libertad no solo es que pueden ser un peligro para la seguridad

mind en la versión original en inglés) –propio del modelo médico y claramente estigmatizante– "no se presta a una definición precisa ya que la psiquiatría es un campo en evolución, tanto médicamente como en actitudes sociales", aunque ha aclarado que no puede interpretarse en el sentido de permitir "la detención de alguien simplemente porque sus puntos de vista o comportamiento se desvían de las normas establecidas"[210]. Si bien el TEDH ha reconocido un margen de apreciación a los Estados a la hora de determinar qué personas caen bajo esta categoría[211], la mayoría de su *caselaw* se ha centrado en las personas con discapacidad intelectual y psicosocial[212].

El TEDH contaba antes de la adopción de la CDPD con una jurisprudencia consolidada en relación con la privación de la libertad de los "enajenados" que no ha cambiado sustancialmente tras su entrada en vigor y que se ha centrado, básicamente, en la delimitación de los criterios sustantivos que autorizan la adopción de esta medida, en la determinación de los fines que la justifican y en la cuestión de las garantías procedimentales de las que debe rodearse.

En el caso *Winterwerp v. Holanda* de 24 de octubre de 1979 el TEDH estableció las condiciones mínimas que debe cumplir la privación de la libertad en este supuesto: 1) que la existencia de un desorden mental sea determinada de forma fidedigna y objetiva desde el punto de vista médico, 2) que sea de tal naturaleza o grado que justifique el internamiento 3) que el internamiento no se prolongue más allá de la persistencia del desorden.

En decisiones posteriores, también en aquéllas recaídas tras la aprobación de la CDPD, el TEDH ha ido perfilando de forma más exhaustiva y rigurosa estos criterios señalando, entre otras cosas, que la determinación de la existencia de un desorden mental y de su gravedad requiere que se realice un examen médico en el momento del ingreso[213], preferentemente por un facultativo diferente del

pública sino también que sus propios intereses pueden requerir su detención", Ibídem citando también sentencia *Guzzardi v. Italia* de 6 de noviembre de 1980.

210 *Guide on Article 5 of the European Convention on Human Rights,* cit. para. 108 citando la sentencia del caso *Rakevich v. Russia* de 28 de octubre de 2003.

211 *Guide on Article 5 of the European Convention on Human Rights*, cit., para. 111. Vid. *Plesó v Hungary App* sentencia de 17 de enero de 2012.

212 Vid. FLYNN, E., "Disability, Deprivation of Liberty and Human Rights Norms", cit., p. 76.

213 *Guide on Article 5 of the European Convention on Human Rights,* cit., para. 114. Ha aclarado el TEDH que el momento relevante en el cual debe establecerse que una persona tiene un desorden mental a los efectos de la aplicación del art. 5.1e) es el momento de la adopción de la medida que priva a la persona de su libertad como resultado de tal condición, Vid. Sentencias

médico del centro de internamiento, que tenga como objetivo específico determinar la necesidad de la medida. Por ejemplo, en la sentencia *Stanev v. Bulgaria*, de 17 de enero de 2012, el TEDH entendió que no se había determinado de forma fidedigna la existencia de un desorden mental que justificara el ingreso, en tanto la decisión sobre la pertinencia de la medida se había basado en un examen psiquiátrico realizado dos años antes y que había sido realizado en el marco del procedimiento de incapacitación.

Asimismo, y en relación con los fines, el TEDH ha insistido en que la condición mental de la persona debe ser de cierta gravedad para ser considerada un "verdadero" desorden mental a los efectos del art. 5.1e[214] y que debe ser tan seria como para precisar tratamiento en una institución apropiada[215], si bien, como después se comprobará, ha considerado conformes con esta disposición internamientos en los que el tratamiento no es la principal finalidad, o incluso en relación con situaciones que no se consideran "tratables"[216]. Puesto que el desorden mental debe persistir durante todo el periodo de detención, el TEDH se ha referido también a la necesidad de realizar exámenes periódicos del estado de salud mental de la persona.

En cuanto a la finalidad de la medida, el TEDH ha afirmado que posee una "doble función" "por un lado, la función social de protección, y, de otro, una función terapéutica que está relacionada con el interés individual de la persona en recibir una apropiada e individualizada en forma de terapia o de tratamiento" entendiendo que cualquier "detención de personas con enfermedad mental debe tener un propósito terapéutico dirigido a curar o a aliviar la condición de salud mental, incluyendo, cuando sea apropiado, reducir o controlar su peligrosidad"[217]. Así, el TEDH ha señalado que debe probarse que la privación de la libertad es necesaria en la situación particular, considerando que esta necesidad concurre no sólo cuando la persona precisa "terapia, medicamentos u otro tratamiento clínico para curar o aliviar su condición", sino también cuan-

---

Ilnseher v. Germany de 4 de diciembre de 2018 y *O.H. v. Germany*, 24 de noviembre de 2011. Y ha insistido en que los informes médicos en los que confían las autoridades para decretar estas medidas deben ser suficientemente recientes, *Kadusic v. Switzerland*, 9 de enero de 2018.

214 *Guide on Article 5 of the European Convention on Human Rights*, cit., para. 112. Vid. *Glien v. Germany* de 28 de noviembre de 2013.

215 *Guide on Article 5 of the European Convention on Human Rights*, cit., para. 110. Vid. entre otras *Ilnseher v. Germany* ya citada

216 Vid. *Hutchison Reid v. the United Kingdom*, 20 de mayo de 2003.

217 *Guide on Article 5 of the European Convention on Human Rights*, cit., para. 120, *Rooman v. Belgium*, 31 de enero de 2019.

do la persona requiere "control y supervisión para evitar que, por ejemplo, se cause daño a sí misma o a otras personas[218]. Y, además, ha dado cobertura a los internamientos de carácter asistencial al entender que la necesidad objetiva de asistencia social, siempre que concurra un desorden mental grave, puede tenerse en cuenta también en la imposición de medidas que supongan la privación de libertad[219]. En relación con esta posición, se ha señalado que el TEDH justifica la privación de la libertad de las personas con problemas de salud mental sobre la base de que puedan ser un problema para la seguridad pública, pero también defiende que deben ser detenidas "en su propio interés" para proporcionarles tratamiento médico (habitualmente tratamiento médico forzoso)[220].

En el caso *Stanev v. Bulgaria* el TEDH se ha referido a la obligación de tener en cuenta a la hora de valorar la necesidad de la medida de internamiento la "insuficiencia" de otras medidas alternativas menos graves[221]. En este caso aludió también el TEDH a la obligación de tener en cuenta "tan lejos como sea posible" los deseos de una persona capaz de expresar su voluntad, pues no hacerlo podría dar lugar a situaciones de abuso y obstaculizar el ejercicio de sus derechos. Además, ha establecido que debe existir una correlación entre el lugar y la razón del internamiento[222] y ha considerado que la detención debe

---

[218] *Guide on Article 5 of the European Convention on Human Rights*, cit., para. 111. Vid. las sentencias *Hutchison Reid v. the United Kingdom* y *Ilnseher v. Germany*, ya citadas. De esta forma, se ha señalado que el art. 5.1 autoriza el internamiento de una persona con un desorden mental incluso cuando no se prevee tratamiento médico pero tal medida está justificada debidamente por la gravedad del estado de salud de la persona y la necesidad de proteger a la propia persona o a otras personas, *N. v. Romania*, 28 de noviembre de 2017.

[219] Vid. *Stanev v. Bulgaria,* ya citado. En este asunto el TEDH consideró que la privación de libertad sólo está justificada por la seriedad de la condición de la persona con el interés de asegurar su propia protección o la de terceros. Sostiene el TEDH que en este caso no se ha probado que el demandante suponga un peligro de daño para sí mismo o terceros a causa de su condición psiquiátrica, y que algunos testimonios que señalan que se ponía agresivo cuando bebía no son suficientes para entender que concurre este peligro.

[220] FLYNN, E., "Disability, Deprivation of Liberty and Human Rights Norms", cit., p. 76.

[221] En la sentencia *D.D. v. Lithuania,* de 14 de febrero de 2012, aunque se considera que no se vulnera el artículo 5.1. e) en la medida en que la gravedad del desorden de la demandante justificaba su privación de libertad, sin que se aluda al peligro de daño para sí misma o terceros, también se menciona, pero sin justificarse, la inexistencia de mecanismos de atención alternativos. Vid. también *Stefan Stankov v. Bulgaria* 17 de marzo de 2015 donde el TEDH señala que antes de la adopción de la medida de privación de la libertad, debe probarse primero que todas las medidas posibles que reflejen los deseos y preferencias de la persona han sido agotadas.

[222] Vid. *Aerts v. Belgium,* sentencia de 30 de julio de 1998 y *H L. v. United Kingdom,* sentencia de 5 de octubre de 2004.

ser efectuada en un hospital, clínica u otra institución apropiada para la privación de la libertad de las "personas enajenadas"[223].

El TEDH ha dejado claro también que la condición legal de la persona, esto es, su incapacitación, no puede justificar la privación de libertad[224], que un internamiento debe considerarse involuntario siempre que la persona se oponga al mismo, aunque haya sido autorizado, de conformidad con la legislación interna, por su tutor[225] y ha reconocido que la aquiescencia de la persona en relación con la adopción de la medida no constituye necesariamente un consentimiento válido[226].

En todo caso, el TEDH ha insistido especialmente en la necesidad de que la privación de la libertad de las "personas enajenadas" se rodee de salvaguardas procedimentales que ha ido reforzando en su jurisprudencia a lo largo de los últimos años[227]. Así, ha señalado que en estos supuestos se requiere un proceso justo y adecuado que ofrezca suficiente protección contra la detención arbitraria[228] teniendo en cuenta la especial vulnerabilidad de las personas afectadas y ha apuntado la necesidad de aducir razones de peso para justificar cualquier restricción de sus derechos[229].

En este sentido, el TEDH ha indicado que el artículo 5.4 de la CEDH, que establece el derecho a presentar un recurso ante un órgano judicial a fin de que se pronuncie en breve plazo sobre la legalidad de su detención y ordene su puesta en libertad si fuera ilegal, es aplicable a la privación de libertad de las personas con discapacidad mental. En relación con esta cuestión, ha considerado que, en el caso de que no esté prevista una revisión periódica de la situación, la persona tiene derecho a recurrir a intervalos razonables su internamiento[230]; que un sistema de revisión periódica en el que la iniciativa

223 *Guide on Article 5 of the European Convention on Human Rights*, cit., para. 116.

224 *Shtukaturov v. Russia* y *Stanev. v. Bulgaria.*

225 *Shtukaturov v. Russia*, *Stanev v. Bulgaria* y *DD. v. Lithuania*. En estos países el internamiento de personas incapacitadas no tenía que ser decidido por una autoridad judicial, sino que bastaba con la autorización del tutor, por lo que los gobiernos esgrimieron como argumento para rechazar la aplicación del art. 5.1 e) del CEDH que se trataba de internamientos voluntarios.

226 *H.L. v. the United Kingdom* ya citada.

227 Vid. *Guide on Article 5 of the European Convention on Human Rights*, cit., paras. 121-124.

228 *V.K. v. Russia*, de 18 de septiembre de 2017 y *X. v. Finland*, de 3 de julio de 2012.

229 *M.S. v. Croatia*, de 19 de febrero de 2015.

230 Vid. en general *M.H. v. the United Kingdom* ya citada.

de revisión recaiga sólo en las autoridades no es suficiente[231]; que el acceso al recurso tiene que ser directo y no a través del tutor o de la institución en la que está ingresada la persona[232]; que la disponibilidad de este recurso es especialmente importante en aquellos sistemas en los que el tutor puede autorizar el internamiento sin intervención judicial[233]; que el procedimiento establecido tiene que contar con las garantías procesales adecuadas en función del tipo de privación de libertad y de las circunstancias particulares en las que se lleve a cabo y que es esencial que la persona afectada tenga la oportunidad de ser escuchada sea en persona o, en su caso, a través de alguna forma de representación[234]. Según el TEDH lo anterior implica que la persona tiene derecho a recibir asistencia legal en los procedimientos relacionados con la adopción, suspensión o continuación de su detención y que el mero nombramiento formal de un abogado[235], sin que realmente asista a la persona en el proceso, no cumple con las exigencias del 5.1. e.

Por otro lado, el TEDH ha analizado la cuestión de si determinadas medidas coercitivas o tratamientos médicos administrados sin su consentimiento a las personas privadas de libertad en virtud del art. 5.1.e constituyen un trato inhumano y degradante prohibido por el artículo 3 CEDH. En su análisis el TEDH ha afirmado que "en general, no puede ser catalogada como inhumana o degradante una medida dictada por razones de necesidad terapéutica"[236] ; ha señalado que los malos tratos deben tener un nivel mínimo de gravedad para caer en el ámbito del artículo 3 CEDH cuya evaluación depende de las circunstancias del caso, la naturaleza y el contexto del tratamiento, el método y la forma de su ejecución, su duración, su impacto físico o mental, sus efectos y, en algunos casos, del sexo, edad y estado de salud de la víctima[237], y ha entendido que el empleo de medios coercitivos del tipo de la alimentación forzosa, el aislamiento o incluso el

---

231 Vid. por ejemplo *X. v. Finland*, ya citada.

232 *Shtukaturov v. Russia*, ya citada.

233 Idem.

234 Este requisito se afirmó ya en el asunto *Megyeri v. Germany,* sentencia de 12 de mayo de 1992. A esta jurisprudencia se alude tras la entrada en vigor de la Convención, en los casos *Stanev v. Bulgaria* y *DD. v. Lithuania*.

235 *M. S. v. Croatia* y *N. v. Romania* ya citadas.

236 *Herczegfalvy v. Austria*, sentencia de 24 de septiembre de 1992.

237 *Kudl v. Poland,* sentencia de 26 de octubre de 2000 y *Poltoratski v. Ukraine,* sentencia de 23 de abril de 2003.

empleo de esposas, no fundamentan la apreciación de una vulneración del art. 3 CEDH[238]

Pero, además, resulta sorprendente que el TEDH no se haya cuestionado, tampoco en casos en los que considera que existe una vulneración del art. 5.1e de la CEDH, al no haberse determinado la existencia de un desorden mental grave y en los que admite que "de hecho" la persona afectada tenía capacidad para pronunciarse sobre el internamiento, la legalidad del tratamiento al que las personas privadas de libertad fueron sometidas sin su consentimiento[239]. Aunque las condiciones de administración del tratamiento involuntario y sus consecuencias no tuviesen la entidad para constituir una violación del art. 3 de la CEDH, se trata de una cuestión que no se puede dejar de lado y en la que el TEDH parece no tener en cuenta algunos de los principios de la *Resolución R 2004 (10) sobre la protección de los derechos humanos y la dignidad de las personas con trastornos mentales*.

De todo lo anterior se desprende que la jurisprudencia del TEDH se ha centrado, básicamente, en determinar si en la privación de la libertad de las "personas enajenadas" se han seguido, o no, los procedimientos establecidos en las legislaciones nacionales y no en examinar la cuestión sustantiva sobre si tal medida está o no en sí misma justificada. El TEDH no ha entrado a valorar si el "constructo alienado es arbitrario por sí mismo" y tampoco en analizar si la calificación de alguien como "alienado" lo es, limitándose, en este ámbito, a convalidar la opinión de los facultativos de cada país[240]. En definitiva, la juris-

---

238 *Herczegfalvy v. Austria*, cit. Tampoco en la reciente sentencia *DD. v. Lithuania* el TEDH, aunque de nuevo considera preocupante que la demandante fuese recluida en una sala de aislamiento, se le hubiese administrado forzosamente una dosis adicional de medicamentos y hubiese sido atada a una cama durante 15-30 minutos, aprecia una vulneración del artículo 3 al entender que existe una necesidad médica que justifica la adopción de estas medidas.

239 En *Shtukaturov v. Russia* el TEDH no entra a valorar si el tratamiento administrado supone una vulneración del art. 3 de la CEDH, al considerar que no están suficientemente probados los hechos que se alegan, ni la administración del tratamiento en cuestión, ni sus efectos adversos. En *Stanev v. Bulgaria* sí se aprecia una vulneración del art. 3, aunque basada en las condiciones deplorables del centro en el que se produce el internamiento y tampoco se analiza en detalle la cuestión del tratamiento médico. En *DD. v. Lithuania*, caso en el que, según se dijo, el TEDH entiende justificado el internamiento, no se tiene en cuenta que no se informó a DD. de los efectos del tratamiento y que en ocasiones no consintió su administración. Se ha afirmado que este es el aspecto más preocupante del juicio del TEDH que no reconoce las ventajas potenciales de este caso, http://mentalhealthandcapacitylaw. wordpress.com/2012/03/22/d-d-v-lithuania/, consultada por última vez el 19 de julio de 2020.

240 Vid. PORXAS ROIG, M.A., *El dogma de las capacidades y la racionalidad,* cit., p. 426.

prudencia del TEDH ha aceptado la necesidad del internamiento involuntario como forma de privación de la libertad específica de las personas con discapacidad intelectual y psicosocial y no ha abordado el tema central de si esta forma de detención específica constituye como tal una violación de los derechos humanos[241], limitándose a aproximarse a esta cuestión desde un enfoque meramente formalista o procedimental.

Por tanto, resulta claro que la posición del TEDH difiere de la comprensión del derecho a la libertad y a la seguridad plasmada en el art. 14 CDPD tal y como ha sido interpretada por su Comité[242]. De hecho, en la sentencia *Rooman v. Belgium* de 31 de enero de 2019 el TEDH reconoce expresamente que el art. 5.1.e de la CEDH permite la detención legal de "personas con problemas mentales", y que, por lo tanto, tal y como se interpreta actualmente, no contiene una prohibición de la privación de la libertad sobre la base de la discapacidad en contraposición con lo que defiende el Comité sobre los Derechos de las Personas con Discapacidad en los apartados 6-9 de sus *Directrices* sobre el art. 14 CDPD.

2.2.2. El debate sobre la adopción del Protocolo del Convenio de Oviedo

En el contexto del sistema europeo de protección de los derechos humanos el debate en torno a la justificación del internamiento involuntario se ha intensificado en el marco del proceso de redacción del borrador del *Protocolo Adicional* del Convenio de Oviedo elaborado por el Comité de Bioética del Consejo de Europa[243].

En 2011 este Comité –órgano encargado por el Comité de Ministros del Consejo de Europa de elaborar los textos legales o recomendaciones sobre derechos humanos en el campo de la biomedicina– adoptó una declaración en la

241 FLYNN, E., "Disability, Deprivation of Liberty and Human Rights Norms", cit., p. 78.

242 Idem, p. 79.

243 Un resumen de este debate puede verse en *Informe del Comité de Bioética de España valorando el borrador de Protocolo Adicional al Convenio de Oviedo sobre Derechos Humanos y Biomedicina sobre la protección de los derechos humanos y la dignidad de las personas con trastornos mentales respecto a ingresos y tratamientos involuntarios,* 2018, disponible en http://assets.comitedebioetica.es/files/documentacion/Informe%20valorando%20el%20Borrador%20del%20Protocolo%20Adicional%20respecto%20a%20ingresos%20y%20tratamientos%20involuntarios.pdf (última consulta 2 de junio de 2020).

que manifestaba que no existía incompatibilidad entre la CDPD y el Convenio de Oviedo. En opinión del Comité de Bioética "la existencia de una discapacidad no puede justificar por sí sola la privación de libertad o el tratamiento involuntario. El tratamiento o el internamiento involuntario solo se pueden justificar en conexión con un problema mental importante, si es probable que la ausencia de tratamiento o internamiento provocará un daño grave en la salud de la persona o de un tercero"[244]. Además, señala el Comité de Bioética que estas medidas sólo pueden ser adoptadas "con sujeción a las condiciones de protección prescritas por la ley, incluidos los procedimientos de supervisión, control y apelación"[245].

En el mismo año 2011 la Dirección del Comité de Bioética acordó incluir la elaboración de un nuevo *Protocolo Adicional*[246] del Convenio de Oviedo dedicado a la protección de los derechos y de la dignidad de las personas con desórdenes mentales en su programa de trabajo para el año 2013. Esta decisión respondía, según el citado Comité, a las "lagunas" detectadas en diversos Estados parte del Consejo de Europa en la implementación de la *Recomendación R (2004)10 sobre la protección de los derechos humanos y la dignidad de las personas con trastornos mentales*, en particular, en lo que concierne a las previsiones legales que regulan el tratamiento y el internamiento involuntario de las personas con desórdenes mentales. Así, a juicio del Comité de Bioética, la existencia de estas lagunas aconseja la adopción de un instrumento jurídico vinculante con el objeto de reforzar el rango legal de determinados principios y garantías necesarias en la aplicación de estas medidas en aras de asegurar la protección de los derechos de las personas afectadas[247].

Pues bien, en el año 2015 un primer borrador fue sometido a consulta pública evidenciándose las reservas e incluso el abierto rechazo a este documen-

---

244 Steering Committee on Bioethics, *Statement on the United Nations Convention on the Rights of Persons with Disabilities*, CDBI/INF (2011) 10, 2011, disponible en https://rm.coe.int/CoERMPublicCommonSearchServices/DisplayDCTMContent?documentId=09000016804553b0 (última consulta 2 de junio de 2020).

245 Idem.

246 El Convenio de Oviedo establece en su art. 31 que pueden adoptarse Protocolos con el objetivo de desarrollar en campos específicos los principios contenidos en el Convenio. La información sobre este Protocolo específico y el texto de su borrador pueden consultarse en https://www.coe.int/en/web/bioethics/-/frequently-asked-questions-on-draft-additional-protocol-concerning-the-protection-of-human-rights-and-dignity-of-persons-with-mental-disorder-with-reg (última consulta 2 de junio de 2020).

247 Vid. el *Draft Explanatory Report* disponible en la dirección antes citada.

to por varias partes interesadas que pidieron la retirada del proyecto de *Protocolo Adicional*. A pesar de las serias objeciones planteadas al texto en esta consulta pública, con el respaldo del Comité de Ministros, el Comité de Bioética reanudó sus trabajos y en 2018 aprobó un nuevo borrador.

En el Preámbulo y en el informe explicativo del texto de este segundo borrador se insiste en que la existencia de un desorden mental, por sí misma, no puede justificar la adopción de medidas involuntarias, se reconoce que, en tanto el uso del tratamiento y el internamiento involuntario tiene el potencial de afectar a los derechos y libertades fundamentales, deben ser minimizados y ser usados únicamente como último recurso y se afirma que cuando estas medidas tienen que ser utilizadas las personas afectadas deben ser efectivamente protegidas con mecanismos de supervisión apropiados. En todo caso, el Comité de Bioética considera que las medidas involuntarias impuestas a las personas con trastorno mental no plantean ningún problema de discriminación y, por lo tanto, de compatibilidad con la CDPD, ya que no es la existencia del trastorno mental, en sí misma, lo que justifica su adopción; si bien considera necesario, para salvaguardar la dignidad y los derechos de las personas afectadas, clarificar los estándares de protección aplicables.

La versión actual del borrador establece en sus arts. 10 y 11 los criterios para la aplicación del internamiento y el tratamiento involuntario de una persona con trastorno mental: (1) que la condición de salud mental de la persona represente un riesgo significativo de daño grave para su salud y su capacidad para decidir sobre su internamiento o tratamiento esté seriamente dañada; o que la persona con problemas de salud mental represente un riesgo significativo de daño grave para otros; (2) que la medida involuntaria tenga una finalidad terapéutica y (3) que todas las medidas voluntarias para afrontar esos riesgos hayan resultado insuficientes.

Además, el borrador establece diversas garantías para la aplicación de estas medidas exigiendo que sean adoptadas por un órgano judicial u otro órgano competente sobre la base del informe médico de un especialista, tras haber escuchado a la persona afectada que puede contar con el apoyo de una persona de su confianza, teniendo en cuenta la opinión de la persona y los deseos que previamente pudiera haber expresado y consultando, en su caso, con su representante[248]. Asimismo, se indica que cuando una persona es sometida a

[248] En situaciones de emergencia un órgano competente puede adoptar la decisión de imponer la medida involuntaria, contando con el pertinente informe médico, y habiendo escucha-

un internamiento involuntario la decisión de aplicarle un tratamiento debe ser tomada al menos por dos psiquiátricas especialistas, uno de los cuales no debe estar involucrado en el cuidado de la persona y que la decisión de la medida involuntaria debe establecer el tiempo que puede durar y las condiciones para su revisión periódica. La persona sometida a la medida involuntaria tendrá el derecho a recurrir la decisión y a solicitar la revisión de la medida o su continuidad (art. 16).

El borrador se refiere también a la aplicación de medidas de aislamiento y contención indicando que las mismas sólo podrán emplearse para evitar un daño inminente a la persona o a terceros, que deberán desarrollarse en un ambiente apropiado, de acuerdo con los principios de necesidad y proporcionalidad, usarse como último recurso y mantenerse únicamente por el tiempo que sea estrictamente necesario (art. 17). En todo caso, se prohíbe el empleo de medidas que produzcan efectos físicos irreversibles (art. 18).

Finalmente, el borrador regula en su Capítulo VI los derechos de información y comunicación de las personas sometidas a medidas involuntarias y en su Capítulo VIII se refiere a la obligación de establecer registros de tales medidas y procedimientos de queja y de vigilancia independiente.

Como antes se avanzó, el borrador de *Protocolo* ha sido objeto de fuertes críticas desde diversas instancias incluidos organismos del sistema universal de protección de los derechos humanos, entre ellos, obviamente, el propio Comité sobre los Derechos de las Personas con Discapacidad[249] y los mecanismos que apoyan su posición en relación con la prohibición absoluta de la privación de la libertad por motivos de discapacidad y la necesidad de acabar con los internamientos y tratamientos involuntarios[250], muchas organizacio-

---

do en la medida de lo posible a la persona afectada, a la persona de su confianza y, en su caso, a su representante.

249 Vid. *Statement by the Committee on the Rights of Persons with Disabilities calling States parties to oppose the draft Additional Protocol to the Oviedo Convention*, 2018. Apunta este Comité que el borrador de Protocolo viola el art. 5 de la Convención sobre igualdad y no discriminación en combinación con los arts. 12, 14, 17 y 25. disponible en https://www.coe.int/en/web/bioethics/-/frequently-asked-questions-on-draft-additional-protocol-concerning-the-protection-of-human-rights-and-dignity-of-persons-with-mental-disorder-with-reg (última consulta 2 de junio de 2020).

250 Vid., por ejemplo, *Letter to the Council of Europe Secretary General on the draft additional protocol to the Oviedo Convention from mandates of the Working Group on Arbitrary Detention; the Chair of the Committee on the Rights of Person with Disabilities; the Special Rapporteur on the rights of persons with disabilities and the Special Rapporteur on the right*

nes representativas de personas con discapacidad[251] y de derechos humanos en general[252] y las propias instituciones del Consejo de Europa, debate en el que centraremos en lo que sigue la exposición.

Ya en 2016 la Asamblea Parlamentaria del Consejo de Europa adoptó la *Recomendación 2091 (2016) The case against a Council of Europe legal instrument on involuntary measures in psychiatry*[253] en la que afirma tener serias dudas sobre el valor añadido que supone la adopción de un nuevo instrumento legal en esta materia y, sobre todo, muestra su preocupación por la compati-

---

of everyone to theenjoyment of the highest attainable standard of physical and mental health, 2017, disponible en https://www.coe.int/en/web/bioethics/-/frequently-asked-questions-on-draft-additional-protocol-concerning-the-protection-of-human-rights-and-dignity-of-persons-with-mental-disorder-with-reg (última consulta 2 de junio de 2020).

251 Vid. *Open letter to the Council of Europe's Secretary General regarding the draft additional protocol to the Oviedo Convention,* 2018, suscrita por la European Network of (ex) User and Survivors of Psichiatry, Austim Europe, Inclusion Europe, Mental Health Europe e International Disability Alliance, disponible en http://www.edf-feph.org/newsroom/news/disability-organisations-urge-council-europe-withdraw-addition-protocol-oviedo (última consulta 2 de junio de 2020). En España CERMI y Salud Mental España remitieron en 2018 una carta a los Ministros de Asuntos Exteriores y de Sanidad, solicitando que el Gobierno español se opusiera a la adopción del Protocolo, Vid. http://semanal.cermi.es/noticia/CERMI-SALUD-MENTAL-ESPAnA-exigen-Gobierno-oponga-Protocolo-Adicional-Convenio-Oviedo-contrario-derechos-humanos.aspx, (última consulta 2 de junio de 2020). Además, se ha pronunciado negativamente sobre el proyecto el Comité de Bioética de España en el Informe ya citado. También el Comité Bioètica de Catalunya en su *Informe respecte del "Protocol Addicional al Conveni d'Oviedo sobre Drets Humans i Biomedicina sobre la protecció dels drets humans i la dignitat de les persones amb trastorns mentals respecte a ingressos i tractaments involuntaris" que proposa el Comitè de Bioètica del Consell d'Europa*, 2018 consideró esta iniciativa inoportuna, si bien no la rechazó plenamente, disponible en https://canalsalut.gencat.cat/web/.content/_Sistema_de_salut/CBC/recursos/novetats/arxius/protocol_cbc_consell_europa.pdf (última consulta 2 de julio de 2020). También la Asociación Española de Neuropsiquiatría-Profesionales de la Salud Mental, Confederación SALUD MENTAL ESPAÑA, En Primera Persona, Federación Andaluza de Asociaciones de Salud Mental en Primera Persona y Federación VEUS-Federació Catalana d'Entitats de Salut Mental en Primera Persona pidieron la retirada del proyecto, Vid. *Posicionamiento sobre el "Protocolo Adicional al Convenio de Oviedo sobre Derechos Humanos y Biomedicina sobre la protección de los derechos humanos y la dignidad de las personas con trastornos mentales respecto a ingresos y tratamiento involuntarios" elaborado por el Comité de Bioética del Consejo de Europa*, 2017, disponible en https://aen.es/blog/2017/12/11/posicionamiento-sobre-el-protocolo-adicional-al-convenio-de-oviedo/ (última consulta 2 de julio de 2020).

252 Por ejemplo, Human Rights Watch. También se han opuesto al protocolo instituciones nacionales de Derechos Humanos.

253 Disponible en http://assembly.coe.int/nw/xml/XRef/Xref-DocDetails-en.asp?FileId=22575, (última consulta 2 de junio de 2020).

bilidad de este instrumento con la CDPD que, a su modo de ver, constituye la referencia internacional en el campo de la discapacidad y debe ser el punto de partida para cualquier trabajo del Consejo de Europa en esta área.

Señala la Asamblea que, si bien la Convención no se refiere explícitamente al internamiento o al tratamiento involuntario de las personas con discapacidad, su art. 14 establece de manera muy clara que la privación de la libertad basada en la discapacidad es contraria a la CDPD y que la interpretación adoptada por el Comité sobre los Derechos de las Personas con Discapacidad implica entender que esta prohibición opera también cuando junto con la discapacidad se apela a criterios adicionales para justificar la detención, como la peligrosidad para la propia persona o terceros. La Asamblea considera que estos criterios son discriminatorios en tanto otras personas que podrían estar en riesgo de ser un peligro para sí mismas o para terceros no están sujetas a las mismas limitaciones en sus derechos que las personas con discapacidad y afirma que el tratamiento forzoso vulnera el derecho al igual reconocimiento como persona ante la ley y el derecho a la integridad personal, entre otros derechos. En opinión de la Asamblea cualquier instrumento legal que mantenga el vínculo entre las medidas involuntarias y la discapacidad implica una discriminación y, por tanto, una vulneración de la CDPD y el borrador del *Protocolo Adicional* mantiene este vínculo en tanto tener un "desorden mental" constituye el motivo que justifica el internamiento y el tratamiento involuntario, junto con otros criterios.

Advierte, además, esta *Resolución* de los desafíos que enfrentan los Estados para conciliar los principios de no discriminación de la CDPD con la tradicional regulación de las cuestiones de salud mental y de las resistencias que muestran para aceptar la posición de su Comité. Ahora bien, a juicio de la Asamblea, la posición del Consejo de Europa debería ser independiente de la posición defendida por algunos de sus Estados miembros. Así, afirma que ignorar, como hace el borrador del *Protocolo Adicional*, la interpretación de la CDPD por parte de un organismo de supervisión establecido de conformidad con el Derecho Internacional no solo socavaría la credibilidad del propio Consejo de Europa como organización regional de derechos humanos, sino que también correría el riesgo de crear un conflicto explícito entre las normas internacionales a nivel global y europeo.

Por ello, la Asamblea recomienda al Comité de Ministros, en primer lugar, que se abandone la propuesta de aprobar el *Protocolo* y que, en su lugar, los trabajos en el campo de la salud mental se centren en la promoción de alternativas a las medidas involuntarias de conformidad con el espíritu de la CDPD, incluyendo medidas que incrementen la implicación de las personas con discapacidad psicosocial en las decisiones que afectan a su salud. En el caso de que se decida que los trabajos para la aprobación del *Protocolo* deben seguir solicita que se implique en el proceso de redacción a las organizaciones de derechos de las personas con discapacidad[254].

A pesar de la posición de la Asamblea, el Comité de Ministros del Consejo de Europa consideró que los trabajos de elaboración del Protocolo debían continuar. El Comité de Ministros contestó a la *Recomendación* de la Asamblea[255] incidiendo en la justificación de las medidas involuntarias para evitar riesgos de daños serios para la salud de la persona o terceros y en la importancia de contar con una herramienta que asegure que en la aplicación de tales medidas se respetan siempre las garantías requeridas por la CEDH y, en especial, que se protegen los derechos humanos de las personas afectadas y se evitan violaciones de la Convención como las identificadas por el TEDH. El Comité de Ministros reiteró así su convencimiento de que la elaboración de un instrumento jurídico orientado a establecer el marco necesario para la aplicación de medidas involuntarias en el Consejo de Europa contribuiría a la prevención de abusos y fomentaría la transición progresiva a una aplicación más uniforme de las medidas voluntarias en psiquiatría por parte de los Estados miembros, de conformidad con el espíritu de la CDPD.

En mayo de 2018 el Comité de Bioética remitió la nueva versión del proyecto, antes analizada, a distintos órganos del Consejo de Europa para que enviaran comentarios al respecto y también acordó desclasificar el documento y ponerlo en conocimiento del público en general.

En octubre de 2018 el Comité de Asuntos Sociales, Salud y Desarrollo Sostenible de la Asamblea Parlamentaria del Consejo de Europa elaboró un informe sobre la situación en la que se encontraba el borrador del *Protocolo Adicional* del Convenio de Oviedo. A juicio de este Comité, dicho instrumento no es adecuado para cumplir su propósito en tanto no protege a las personas

---

254 Y ello de acuerdo con la *Resolución de la Asamblea Parlamentaria 2039 (2015)*, que exige que todas las políticas y medidas que se adopten relacionadas con las personas con discapacidad se lleven a cabo con la estrecha participación de las organizaciones que les representan.

255 Vid. su respuesta en https://search.coe.int/cm/Pages/result_details.aspx?ObjectId=09000016806b8195#_ftn2 (última consulta 2 de junio de 2020).

con discapacidad de violaciones de derechos humanos, al mantener el *status quo* que está en el origen de tales violaciones y abusos. Considera dicho Comité que la adopción del *Protocolo* corre el riesgo de multiplicar el recurso a la imposición de medidas involuntarias regulando lo que debe ser la excepción, con el peligro de que esta excepción se convierta después fácilmente en la norma general, y subraya también su incompatibilidad con la CDPD, por lo urge a cesar los trabajos y a poner el foco en medidas preventivas y en medidas alternativas a las intervenciones involuntarias[256].

También el anterior Comisario para los Derechos Humanos del Consejo de Europa Nils Muiznieks mostró ya en 2015 su firme oposición al Borrador del *Protocolo Adicional*[257], oposición que volvió a reiterar en 2018 la nueva Comisaria Dunja Mijatovic en relación con el actual texto[258].

Si bien en las consideraciones realizadas por la Comisaria Dunja Mijatovic –que reiteran las adoptadas por su predecesor– se reconoce que el Comité de Bioética comenzó sus trabajos con la intención de mejorar la protección de las

---

[256] Vid. *Comments on the draft Additional Protocol to the Oviedo Convention, concerning the protection of human rights and dignity of persons with mental disorder with regard to involuntary placement and involuntary treatment*, 2018. Disponible en http://assembly.coe.int/nw/xml/XRef/Xref-XML2HTML-en.asp?fileid=27701&lang=en (última consulta 2 de junio de 2020). El Comité destaca, además, los serios problemas que presentan las definiciones y términos usados, al ser "peligrosamente" imprecisos y estigmatizantes; el carácter discriminatorio de los criterios que determinan el ingreso y el tratamiento involuntario y el proceso de toma de decisiones en relación con el tratamiento involuntario de las personas sujetas a internamientos forzosos. El Comité muestra también su especial preocupación por la adición a este Borrador de un Capítulo dedicado a las "situaciones específicas" y, en particular, por su art. 18 que al prohibir el tratamiento con el objetivo de producir efectos físicos irreversibles en el contexto de las intervenciones involuntarias, en la práctica tan sólo excluye efectivamente operaciones quirúrgicas como la lobotomía, pero no tratamientos con efectos irreversibles que no son médicos, sino, por ejemplo, mentales tales como el electro shock ni tampoco intervenciones que producen tales efectos como consecuencia colateral.

[257] Vid. *Comments of the Council of Europe Commissioner for Human Rights on the Working document concerning the protection of human rights and dignity of persons with mental disorder with regard to involuntary placement and involuntary treatment*, 2015, disponible en https://rm.coe.int/comments-of-the-council-of-europe-commissioner-for-human-rights-on-the/16806da561 (última consulta 2 de junio de 2020).

[258] Vid. *Comments of the Council of Europe Commissioner for Human Rights on the raft Additional Protocol to the Convention on Human Rights and Biomedicine concerning the Protection of Human Rights and Dignity of Persons with Mental Disorder with regard to Involuntary Placement and Involuntary Treatment*, 2018, disponible en https://rm.coe.int/comments-by-dunja-mijatovic-council-of-europe-commissioner-for-human-r/16808f1111, (última consulta 2 de junio de 2020).

personas con discapacidad psicosocial en la aplicación de medidas involuntarias en contextos médicos, se advierte que el borrador del *Protocolo Adicional* del Convenio de Oviedo puede provocar justamente el efecto opuesto, no sólo por las previsiones específicas que contiene, sino también por la aproximación general que subyace tras el texto. Las razones que justifican esta conclusión se sintetizan en tres grandes preocupaciones: la incompatibilidad del proyecto de Protocolo Adicional con la CDPD, su fallo al abordar la raíz del problema y la insuficiente consulta con las propias personas a las que se pretende proteger, quienes se oponen firmemente al texto.

Por lo que respecta al primero de los problemas, se subraya que el Consejo de Europa debe abstenerse de elaborar normas en conflicto con los estándares globales de derechos humanos que podrían debilitar la protección ofrecida por tales estándares y se remarca que el Comité sobre los Derechos de las Persona con Discapacidad, así como otros organismos de derechos humanos de Naciones Unidas, han denunciado la incompatibilidad del borrador del *Protocolo Adicional* con la CDPD. En este sentido, se apunta que dicha incompatibilidad no se limita a la regulación de las intervenciones involuntarias y a su admisibilidad, sino que también se extiende al lenguaje estigmatizante empleado, que responde al modelo médico de discapacidad; al hecho de que el alcance del borrador y los criterios establecidos son inherentemente discriminatorios y a la estrecha e inadecuada aproximación del proyecto a la cuestión crucial de las necesidades de apoyo de las personas con discapacidad psicosocial para poder ejercer su capacidad jurídica y su autonomía en igualdad de condiciones en el contexto de la salud mental. A juicio de la Comisaria para los Derechos Humanos del Consejo de Europa, la adopción del Protocolo crearía un claro conflicto entre estándares internacionales que podría generar confusión y socavar la protección de los derechos humanos en el contexto europeo al aprobar un texto legalmente vinculante que se sitúa por debajo de los estándares de Naciones Unidas internacionalmente acordados.

En relación con el segundo de los problemas mencionados, se cuestiona la consideración de que los abusos que las personas con discapacidad psicosocial sufren en los entornos médicos tienen como causa significativa la ausencia de garantías legales, afirmándose que la gran mayoría de los Estados del Consejo de Europa ya cuentan con salvaguardas similares o incluso más reforzadas que las incluidas en el borrador y, sin embargo, fallan sistemáticamente a la hora de evitar internamientos involuntarios innecesarios y otros abusos graves. En este punto, se suscribe también la opinión del anterior Comisario indicando que la razón principal del problema es la naturaleza inherentemente discriminatoria de la mayoría de los sistemas legales cuando se trata de personas con discapacidades psicosociales; discriminación que se plasma, por ejemplo, en la desconsideración de sus necesidades de apoyo, la falta de preparación de los jueces para manejar las implicaciones de las medidas involuntarias en los derechos humanos, y la desigualdad y los prejuicios presentes en las decisiones sobre estas medidas. Así, se entiende que lo que se necesita en el contexto europeo actual es orientación acerca de cómo evitar el recurso a medidas involuntarias, cuestión que no es abordada de manera adecuada en el borrador del *Protocolo Adicional*. Teniendo en cuenta lo anterior, se considera muy poco probable que dicho *Protocolo* conduzca a una mejora o una reducción significativa de las violaciones de los derechos humanos sufridas por las personas con discapacidades psicosociales en entornos donde ya están sometidas rutinaria e innecesariamente a medidas involuntarias y se entiende que el adoptar un instrumento legal vinculante sobre una parte muy estrecha de una cuestión multifacética y compleja, podría aumentar la confusión y retrasar reformas en marcha necesarias a la luz de la CDPD. Además, se señala que la aprobación del *Protocolo Adicional*, en lugar de limitar al mínimo las intervenciones involuntarias, puede tener como resultado su incremento debido a la apariencia de legalidad que un instrumento vinculante otorgaría a prácticas que potencialmente pueden causar violaciones de los derechos humanos. En este punto se insiste en que una interpretación amplia de las disposiciones del borrador podría tener implicaciones negativas para tales derechos.

Finalmente, por lo que atañe al tercero de los problemas antes apuntados, la Comisaria para los Derechos Humanos del Consejo de Europa parte de la consideración de que la obligación de consultar de manera estrecha y garantizar la participación activa de las personas con discapacidad a través de sus organizaciones representativas en cualquier proceso de toma de decisiones sobre cuestiones relacionadas con las personas con discapacidad, recogida en el art. 4.3 de la CDPD, debe aplicarse a los procesos de toma de decisiones dentro del Consejo de Europa, y, en particular, a cualquier actividad de establecimiento de normas que podrían tener un impacto en la implementación de la CDPD por los Estados miembros. A su modo de ver, esta obligación en el caso del proyecto analizado no se ha cumplido en tanto estas organizaciones no fueron consultadas inicialmente sobre la cuestión crucial de la necesidad real de la adopción del *Protocolo* y de su enfoque general, sino que la consulta tuvo lugar en una etapa tardía del proceso de redacción, permitiéndoseles tan sólo presentar enmiendas sobre un texto ya existente en relación con el cual expresaron profundos desacuerdos, y en tanto, además, su limitada participación no dio lugar a ningún cambio significativo en el proyecto, que continúa reflejando en gran medida el enfoque de la *Recomendación* de 2004, ignorándose sistemáticamente las aportaciones del movimiento de la discapacidad.

Por todas estas razones la Comisaria considera que el proyecto de *Protocolo Adicional* puede resultar en última instancia contraproducente para la protección de los derechos de las personas con discapacidad psicosocial y pide que no se adopte[259].

Ante las críticas generadas en enero de 2019 el Comité de Bioética publicó una nota explicando la necesidad del *Protocolo*[260] en la que señala que todos los países del Consejo de Europa establecen alguna forma de internamiento involuntario o tratamiento involuntario y que sólo tres de ellos han manifestado públicamente el compromiso de eliminar estas medidas en el corto plazo, advierte del incremento de condenas del TEDH por violaciones del art. 5.1 e) CEDH relacionadas con la falta de garantías procesales a la hora de adoptar estas medidas involuntarias y recuerda las lagunas detectadas en el examen del grado de cumplimiento de la *Recomendación 2004* (10). Asimismo, insiste en que la finalidad del *Protocolo* no es promover la adopción de medidas involuntarias, sino minimizar su uso y prevenir los abusos causados por la falta de salvaguardas legales y señala que los criterios para la aplicación de las medidas se alinean con la posición expresada por el Comité de Derechos Humanos en su *Comentario General Nº 35*.

En junio de 2019 la Asamblea Parlamentaria del Consejo de Europa adoptó la *Recomendación 2158 (2019)* y la *Resolución 2291 (2019)* tituladas *Ending*

---

259 En todo caso, aclara la Comisaria que su posición no debe entenderse como una llamada a la abolición inmediata de las medidas involuntarias en psiquiatría, sino a no interrumpir el proceso en curso de reducción de tales medidas en muchos Estados miembros del Consejo de Europa. A su modo de ver, lo que se necesita es orientación y apoyo en el proceso de reforma de los sistemas de salud mental para garantizar que el número máximo de personas con discapacidad psicosocial buscan tratamiento de forma voluntaria sin temor a perder su dignidad y autonomía, lo que no solo evitarían el grave problema de incompatibilidad con la CDPD, sino que también sería una forma mucho más directa y útil de abordar las numerosas violaciones de derechos humanos que ocurren regularmente en el contexto de medidas involuntarias.

260 *Draft Additional Protocol concerning the protection of human rights and dignity of persons with mental disorder with regard to involuntary placement and involuntary treatment. Frequently asked questions*, DH-BIO/INF (2018) 10, 9 de enero de 2019, https://rm.coe.int/inf-2018-10-psy-frequent-questions-e/1680925d19 (última consulta 2 de junio de 2020).

coercion in mental health: the need for a human rights-based approach[261]. En la *Resolución* la Asamblea hace hincapié en los efectos negativos de las medidas coercitivas en el ámbito de la salud mental, ya mencionados en el anterior Capítulo; aboga por la reforma de los sistemas de salud mental en Europa desde un enfoque de derechos humanos compatible con la CDPD y propone una serie de medidas para iniciar de manera inmediata la transición al nuevo modelo. En su *Recomendación* la Asamblea se opone, de nuevo, a la adopción del *Protocolo* del Convenio de Oviedo teniendo en cuenta todos los comentarios recibidos por el texto entre 2015 y 2018 e insiste en su incompatibilidad con la CDPD, en su incapacidad para proteger a las personas con necesidades de atención a la salud mental y con discapacidad psicosocial de violaciones de sus derechos humanos y en la necesidad de abandonar la redacción de este instrumento y redirigir los esfuerzos a establecer directrices para poner fin a la coerción en el ámbito de la salud mental.

De nuevo el Comité de Ministros del Consejo de Europa en febrero de 2020 contestó a la Asamblea[262] mostrando su acuerdo con el deber de promover medidas alternativas a las medidas involuntarias y con la necesidad de reducir la coerción, señalando que este es precisamente el objetivo del estudio iniciado por el Comité de Bioética sobre *Good practices in mental healthcare - how to promote voluntary measures*. En todo caso, tomando nota de la posición de la Asamblea y de las reservas y preocupaciones expresadas por la Comisaria para los Derechos Humanos, remarca el Comité de Ministros que el borrador del *Protocolo Adicional* del Convenio de Oviedo pretende garantizar que las medidas involuntarias estén sujetas al cumplimiento de criterios estrictos y que sean aplicadas como último recurso. También informa de que ha dado instrucciones al Comité de Bioética para finalizar los trabajos en dicho *Protocolo* en el bienio 2020-2021 y para involucrar en el proceso a las organizaciones de derechos de las personas con discapacidad. Teniendo en cuenta las aportaciones recibidas durante este tiempo, el Comité de Ministros alienta al Comité de Bioética a asegurar que el texto del *Protocolo* incluye previsiones que garanticen la disponibilidad de una amplia selección de medidas primarias apropiadas menos restrictivas e intrusivas y a finalizar el estudio sobre

261 Ambas disponibles en http://assembly.coe.int/nw/xml/XRef/Xref-DocDetails-en.asp?FileID=27701&lang=en (última consulta 2 de junio de 2020).

262 Disponible en https://search.coe.int/cm/Pages/result_details.aspx?ObjectId=09000016809c57ea, (última consulta 2 de junio de 2020).

las buenas prácticas en salud mental antes mencionado en el plazo más rápido posible.

***

El análisis realizado en el presente Capítulo nos ha permitido constatar los importantes desacuerdos presentes entre los órganos de los sistemas internacionales y regionales de protección de los derechos humanos en relación con el alcance del derecho a la libertad de las personas con discapacidad y, particularmente, en lo que respecta a la admisibilidad de los internamientos involuntarios. Mientras que el Comité sobre los Derechos de las Personas con Discapacidad y otros mecanismos del sistema asumen una reinterpretación del derecho a la libertad según la cual la discapacidad no puede ser nunca un motivo que justifique la privación de la libertad, tampoco en combinación con otros criterios, y abogan por eliminar las medidas de internamiento involuntario, otros organismos apuestan por el mantenimiento de estas prácticas centrándose en asegurar que en su aplicación se respetan las exigencias del debido proceso y se evitan determinados abusos.

Aunque, en teoría, la solución de este conflicto normativo de acuerdo con las principios de interpretación de los tratados, conduciría a otorgar primacía a la regulación establecida en la CDPD y a la opinión de su Comité –en particular frente a la interpretación del art. 9 PIDCP por parte del Comité de Derechos Humanos[263] y al contenido del art. 5.1.e) CEDH y a su aplicación por el TEDH– estas discrepancias dificultan que los Estados acometan los profundos cambios que, como se comprobará en el último Capítulo de este trabajo, son necesarios para la adecuada garantía del derecho a la libertad de las personas con discapacidad en condiciones de igualdad.

Ciertamente, parece complicado que los Estados –y así lo revela el estudio del caso español abordado en el siguiente Capítulo– se comprometan a proporcionar a las personas con discapacidad un marco de apoyo y asistencia no coercitivo y a eliminar prácticas contrarias a la CDPD, como el internamiento

---

[263] Y ello en aplicación de los principios que dan primacía a la norma posterior, a la más especializada y a la que otorga mayor protección a los derechos, Vid. DOYLE GUILLOUD, S., "The right to liberty of persons with psychosocial disabilities at the United Nations", cit., pp. 9 y 10. Vid. en general sobre la solución de conflictos entre la CDPD y otros instrumentos convencionales BARIFFI, F., *El régimen jurídico internacional de la capacidad jurídica,* cit., pp. 406 y ss.

y el tratamiento involuntario, muy arraigadas en sus sistemas jurídicos domésticos, mientras que órganos del sistema internacional de protección de los derechos tan relevantes como los mencionados sigan justificando el empleo de la coacción y respaldando la legalidad de las intervenciones forzosas. En este sentido, se ha abogado por el diálogo constructivo dentro de la arquitectura de derechos humanos de Naciones Unidas, y, debería añadirse de los sistemas regionales de protección y, en especial del Consejo de Europa, tal y como lo exige la propia CDPD[264], "y como lo exige un orden jurídico internacional que desea garantizar consistencia, coherencia y equidad"[265].

---

[264] En este sentido, el art. 38 b) de la Convención establece que "*Al ejercer su mandato, el Comité consultará, según proceda, con otros órganos pertinentes instituidos en virtud de tratados internacionales de derechos humanos, con miras a garantizar la coherencia de sus respectivas directrices de presentación de informes, sugerencias y recomendaciones generales y a evitar la duplicación y la superposición de tareas en el ejercicio de sus funciones*".

[265] DOYLE GUILLOUD, S., "The right to liberty of persons with psychosocial disabilities at the United Nations", cit., p. 10.

Capítulo 3
La privación de la libertad por motivos de discapacidad y el internamiento involuntario en el sistema jurídico español

El derecho a la libertad y a la seguridad personal se recoge en el artículo 17 de la *Constitución Española* (CE) cuyo apartado 1 dispone: "*Toda persona tiene derecho a la libertad y a la seguridad. Nadie puede ser privado de su libertad, sino con la observancia de lo establecido en este artículo y en los casos y en la forma previstos en la ley*". Si bien este genérico reconocimiento incluye obviamente a las personas con discapacidad, al igual que sucede en otros muchos sistemas jurídicos, la propia legislación española prevé "casos" y "formas" de privación de libertad que implican el establecimiento de un régimen especial para las personas con discapacidad, singularmente aplicable a las personas con discapacidad mental e intelectual y otras discapacidades de carácter cognitivo.

Ejemplo claro de este régimen específico es la regulación de la figura del internamiento involuntario[266] en la actualidad incluida en el art. 763 de la *Ley 1/2000, de 7 de enero de Enjuiciamiento Civil* (Leci). A analizar su contenido e implicaciones desde la óptica de la CDPD se dedica la reflexión en el presente Capítulo.

---

[266] También en el ámbito penal cabe aludir al régimen de medidas de seguridad aplicables a las personas consideradas inimputables, Vid. sobre esta cuestión mi trabajo ya citado *La adaptación de la normativa penitenciaria española a la Convención Internacional sobre los Derechos de las Personas con Discapacidad.*

3.1. LA REGULACIÓN DEL INTERNAMIENTO NO VOLUNTARIO EN EL ART. 763 DE LA LEY DE ENJUICIAMIENTO CIVIL

El entonces denominado internamiento no voluntario de los "dementes" se reguló por primera vez en España[267] en una ley de 1885 inspirada en la ley francesa de Alienados de 1838. Posteriormente esta figura se recogió en el *Real Decreto de 3 de julio de 1931* sobre asistencia a los enfermos mentales que se mantuvo vigente durante toda la dictadura franquista y que fue objeto de importantes críticas al no establecer un control judicial real del internamiento no voluntario, sino meramente administrativo.

La aprobación de la *Constitución Española* de 1978 –y en particular la regulación del derecho a la libertad y seguridad en su art. 17, que exige, entre otras cosas, que las causas de privación de la libertad estén fijadas en la ley y del derecho a la tutela judicial efectiva en su art. 24– hizo evidente la necesidad de reformar la normativa preconstitucional en materia de internamiento.

Tras descartarse la elaboración de una legislación específica, la *Ley 13/1983, de 24 de octubre* procedió a la regulación del internamiento no voluntario en el artículo 211 del *Código civil*. Dicho precepto fue reformado por la *Ley Orgánica 1/1996 de 15 de enero* para introducir la alusión al internamiento de los menores de edad, reforma que se aprovechó para sustituir la referencia al "presunto incapaz", que generaba importantes confusiones, por la alusión al trastorno psíquico. Desde el inicio este precepto, declarado constitucional en la Sentencia del Tribunal Constitucional (STC) 129/1999 de 21 de julio, fue criticado por su parquedad resaltándose importantes insuficiencias[268].

---

[267] Una buena síntesis de la regulación histórica de la materia en España puede verse en el trabajo de BARRIOS FLORES, L.F., "La regulación del internamiento psiquiátrico involuntario en España: carencias jurídicas históricas y actuales", *Derecho y Salud*, nº 22 2012, pp. 31-56. En el plano doctrinal suele señalarse que el primer intento serio de abordar la problemática jurídica de las personas con enfermedad mental en España es la obra de BERCOVITZ RODRÍGUEZ-CANO, R., *La marginación de locos y el Derecho,* Taurus, Madrid, 1976.

[268] Vid. por ejemplo BERCOVITZ RODRÍGUEZ-CANO, R., "La protección jurídica de la persona en relación con su internamiento involuntario en centros sanitarios o asistenciales por razones de salud", *Anuario de derecho civil*, vol. 37, 4, 1984, pp. 953-974 y Defensor del Pueblo (1991) *La situación jurídica y asistencial del enfermo mental en España.* Disponible en https://www.defensordelpueblo.es/wp-content/uploads/2015/09/Situaci%C3%B3n-jur%C3%ADdica-y-asistencial-del-enfermo-mental-en-Espa%C3%B1.pdf (última consulta 21 de junio de 2020).

El régimen vigente del internamiento no voluntario se encuentra recogido en el art. 763 de la LEci que derogó el art. 211 del *Código civil*. Cabe advertir que el Tribunal Constitucional (TC) en su Sentencia 132/2010 de 2 de diciembre consideró "formalmente" inconstitucional este artículo –o para ser más precisas su inciso 1– pues, a pesar de implicar una limitación del derecho fundamental a la libertad personal, no ostentaba rango de ley orgánica sino de ley ordinaria. En todo caso el TC, apelando a la necesidad de evitar un "vacío normativo", no procedió a declarar la nulidad de este precepto instando al legislador a subsanar este defecto "a la mayor brevedad posible"[269] . A pesar de este requerimiento, dicha subsanación no se produjo hasta cinco años después cuando la disposición adicional primera de la *Ley Orgánica 8/2015, de 22 de julio, de modificación del sistema de protección a la infancia y a la adolescencia* dotó al art. 763.1 del rango de ley orgánica.

El artículo 763 permite el internamiento ***involuntario*** (esto es, en contra de la voluntad, o sin que concurra la voluntad de la persona afectada)[270] ***por razón de trastorno psíquico*** (referencia que se ha señalado suscita bastantes dudas[271] que se proyectan, como enseguida se comprobará, en la delimitación de su ámbito de aplicación) de una persona ***que no esté en condiciones de decidirlo por sí*** (lo que se identifica con la ausencia de capacidad para otorgar su consentimiento)[272] y justifica su ***sustitución por un tercero, en este caso por un juez***[273], que basa su criterio en un ***dictamen médico***. Este internamiento tiene dos modalidades el internamiento ordinario, que requiere autorización judicial previa, y el internamiento urgente, en cuyo caso se adopta la medida

---

[269] Alega el Tribunal en la sentencia antes citada que estamos "en presencia de una vulneración de la Constitución que sólo el legislador puede remediar". La necesidad de establecer esta regulación por Ley Orgánica se reiteró en la STC 141/2012 de 2 de julio.

[270] SANTOS MORÓN, M.J., *El supuesto de hecho del internamiento involuntario*, Valencia, Tirant Lo Blanch, 2002, p. 44.

[271] ESPEJEL JORQUERA, C., "El internamiento no voluntario por razón de trastorno psíquico. Comentarios al art. 763 L.E.C", *Psicopatología Clínica, Legal y Forense*, vol. 4, 2004, pp. 47-62, p. 51.

[272] RAMÍREZ RUIZ, R., "Internamiento involuntario y tratamiento ambulatorio forzoso. El supuesto de hecho del internamiento involuntario en el artículo 763 LEC 1/2000" en *X Jornadas Aequitas: Derecho y situaciones de discapacidad*, Bilbao 22-24 de febrero de 2006, pp. 11 y 12.

[273] Se ha señalado que el papel del juez en los internamientos es, precisamente, integrar la prestación de este consentimiento por quien no puede decidir por sí, es decir, sustituir a las personas que presentan un "trastorno psíquico" en la prestación del consentimiento para su internamiento.

de forma inmediata, y el responsable del centro en el que se hubiere producido debe comunicarlo a la autoridad judicial en el plazo de veinticuatro horas y ésta debe ratificar el internamiento en el plazo de setenta y dos horas desde que tuvo conocimiento de él.

Desde un punto de vista material es común señalar que la regulación española del internamiento no voluntario se aparta de los criterios tradicionales seguidos en las legislaciones europeas en tanto no se hace referencia explícita a la necesidad de tratamiento ni al factor "riesgo" o a la "peligrosidad" para la propia persona o para terceros[274] lo que, en todo caso, no impide que *de facto* la mayor parte de los ingresos se justifiquen apelando a estos criterios. No obstante, importa aclarar que, aunque el criterio del peligro para terceros es en la práctica empleado en ocasiones como justificación del internamiento, gran parte de la doctrina señala que si bien el internamiento puede orientarse a evitar perjuicios inminentes a terceros[275] en nuestro sistema no tienen cabida el internamiento con el solo objetivo de apartar a una persona de la sociedad, con fines únicamente preventivos o de mera custodia o vigilancia, considerándose preciso que el internamiento –a través de la intervención terapéutica o asistencial– redunde siempre en beneficio de la persona afectada[276].

En relación con lo anterior, conviene advertir que la redacción genérica del supuesto de hecho del internamiento involuntario ha suscitado un importante debate doctrinal y jurisprudencial entre quienes lo interpretan en un sentido estricto limitado al ingreso de personas con discapacidad psicosocial en centros psiquiátricos con finalidades exclusivamente terapéuticas[277] y quienes abogan por una comprensión más amplia que abarcaría cualquier ingreso que

---

[274] FERREIROS MARCOS, C. E., *Salud mental y derechos humanos La cuestión del tratamiento ambulatorio involuntario,* Madrid, CERMI, 2007, pp. 181 y 182 y BARRIOS FLORES, L.F., "El ingreso psiquiátrico involuntario de carácter urgente: una revisión, tras la STC 141/2012, de 2 de julio", *Rev. Asoc. Esp. Neuropsiq.*, nº 32, 116, 2012, pp. 829-847, p. 831.

[275] Asimismo, se ha indicado que este patrón no puede asociarse a un pronóstico impreciso de actos futuros, sino que se refiere a casos inminentes en los que coincide con un diagnóstico agudo de la "enfermedad", por lo que entraría dentro de la indicación terapéutica, FERREIROS MARCOS, C.E., *Salud mental y derechos humanos,* cit., p. 183.

[276] RAMÍREZ RUIZ, R., "Internamiento involuntario y tratamiento ambulatorio forzoso", cit., pp. 14 y 15.

[277] Así, por todas, la posición de la Audiencia Provincial de Barcelona en sus autos de 10 de febrero de 1998 y 5 de febrero de 1999. Desde esta visión, se sostiene que el ingreso de ancianos en centros geriátricos sin contar con su consentimiento no debe estar sujeto a control judicial y no supone privación de la libertad.

implique una restricción de la libertad deambulatoria de toda persona que por sus "condiciones psíquicas" no puede prestar su consentimiento, tanto en centros de naturaleza sanitaria o de salud mental como en centros de atención residencial y ya tenga un fin prioritariamente terapéutico o asistencial[278]. Por otro lado, conviene advertir que la ausencia de una regulación específica en la *Ley Orgánica 3/1986 de 14 de abril de Medidas Especiales en Materia de Salud Pública* del procedimiento para adoptar medidas de internamiento (en concreto de hospitalización involuntaria) ligadas a la protección de la salud pública ha determinado que en algunos supuestos se haya utilizado el art. 763 por parte de los tribunales de lo contencioso administrativo[279].

Desde un punto de vista formal, la legislación española sobre el internamiento involuntario de las personas con discapacidad es más garantista que otras legislaciones domésticas en tanto requiere siempre autorización judicial (y no simplemente administrativa, previa en el caso de los internamientos ordinarios o a posteriori en los de urgencia); incluso cuando la persona tiene modificada su capacidad de obrar (sin que el consentimiento del tutor permita considerar el internamiento como voluntario) y contiene diversas previsiones que tratan de asegurar el cumplimiento de las exigencias del debido proceso (entre ellas, la participación del Ministerio Fiscal, el obligado examen y audiencia de la persona interesada y la emisión del dictamen de un facultativo, la posible audiencia de otras personas que el juez estime conveniente o le sea solicitada por la persona afectada, la posibilidad de que la persona cuente con representación y defensa, la disposición de un recurso para cuestionar la decisión y el establecimiento de controles periódicos a través de la remisión a la autoridad judicial, al menos cada seis meses, de informes realizados por los facultativos que atienden a la persona que deben pronunciarse sobre la necesidad del mantenimiento de la medida).

---

278 Esta posición ha sido asumida por algunas Comunidades Autónomas en la regulación de los ingresos residenciales y también por el Defensor del Pueblo, *Informe del Defensor del Pueblo al Ministerio de Justicia de 11/11/2005,* quien ha señalado que debe garantizarse, en todo caso, que se tiene en cuenta "la voluntad de la persona afectada a la hora de prestar su consentimiento cuando tenga capacidad para ello y se pretenda su internamiento en un centro en el que se limitará su libertad". Asimismo, la necesidad del control judicial de estos ingresos fue defendida por la Fiscalía General del Estado en la *Instrucción 3/1990 de 7 de mayo* y en la *Consulta 2/1993 de 15 de junio* en relación con el artículo 211 del Código civil y ha sido reiterada respecto del art. 763 de la LEci por la *Circular 2 /2017, sobre el ingreso no voluntario urgente por razón de trastorno psíquico en centros residenciales para personas mayores.*

279 Vid. la Sentencia del Tribunal Superior de Justicia de Madrid 48/2001.

Puesto que el internamiento involuntario es una forma civil de privación de libertad y, por tanto, una restricción de un derecho fundamental, en su adopción resulta de aplicación la doctrina consolidada del TC en relación con la limitación de los derechos fundamentales que requiere de la superación del juicio de proporcionalidad, y, por ende, el cumplimiento de los criterios de necesidad, idoneidad y proporcionalidad en sentido estricto[280] que exigen, según antes se explicó, que tal limitación tenga una justificación objetiva y razonable, y, por ende, que se persiga una finalidad legítima; que resulte apropiada para conseguir ese fin que se pretende; que sea la menos gravosa de las disponibles implicando la menor afectación posible al derecho objeto de limitación, y que no sea desproporcionada presentando más ventajas que sacrificios. Asimismo, el TC acogió desde sus primeras sentencias en la materia la doctrina del TEDH en relación con la aplicación del art. 5.1.e) de la CEDH adoptada en la Sentencia *Winterwerp contra Holanda* a la que se hizo referencia en el Capítulo anterior.

De acuerdo con este marco, en teoría, la figura del internamiento involuntario debería configurarse como una medida extraordinaria y excepcional orientada a responder a situaciones graves y urgentes en las que resulten insuficientes otros mecanismos de protección alternativos menos restrictivos y en su adopción y desarrollo deberían aplicarse rigurosamente las exigencias contempladas en el artículo 763.

Ahora bien, no es menos cierto que en la práctica se ha procedido a un uso cada vez más extendido de la figura del internamiento involuntario, basada en la consideración de que la intervención judicial que la aplicación del art. 763 asegura implica una garantía adicional en ingresos de carácter prioritariamente asistencial y fomentada por la inexistencia de recursos alternativos y por la ausencia de mecanismos de apoyo que permitan a las personas con "trastornos psíquicos" tomar sus propias decisiones en relación con su ingreso en instituciones médicas o en centros residenciales. Como se ha venido denunciando, por ejemplo, desde el Centro Español de Representantes de Personas con Discapacidad (CERMI) el internamiento involuntario se ha convertido en una medida ordinaria de atención a las personas con discapacidad[281]. Esta circunstancia –debido en parte a la carga de trabajo de los operadores implicados,

---

280 Vid. por todas STC 141/2012 de 2 de julio.

281 CERMI, *Derechos Humanos y Discapacidad,* Informe España 2010, disponible en http://www.convenciondiscapacidad.es/ColeccionONU_new/Derecho%20Humanos%20y%20Discapacidad%205.pdf, (última consulta 21 de junio de 2020).

pero también a una actitud benevolente en relación con su adopción que se justifica en el bienestar de la persona afectada– ha redundado en una actividad judicial en muchos casos mecánica o rutinaria[282] en la que se ha venido optando por una interpretación lo menos exigente posible de los requisitos recogidos en el art. 763[283].

No obstante, en los últimos años la jurisprudencia del TC ha elevado el rigor en la aplicación del art. 763 LEci. Así, por ejemplo, la STC 141/2012 de 2 de julio señaló que, en tanto el internamiento involuntario afecta a un derecho fundamental tan importante como el derecho a la libertad, deviene exigible una motivación expresa y reforzada de los requisitos de necesidad y proporcionalidad de la medida y exigió, en este sentido, que los informes forenses, elemento central en el los que los jueces fundamentan la adopción de la medida, incluyan una concreta argumentación orientada a justificar la concurrencia de estos requisitos y no respondan a fórmulas estereotipadas.

Por su parte, otra serie de sentencias (por ejemplo, las STC 182/2015 de 7 de septiembre, STC 13/2016 de 1 de febrero, STC 22/2016 de 29 de febrero; STC 50/2016 de 14 de marzo) han insistido en el cumplimiento estricto de las garantías formales del proceso de internamiento (en relación con el cómputo de los plazos y las personas obligadas a comunicar la adopción de la medida en el caso de los internamientos urgentes, la necesidad de contar con un informe médico especializado y la garantía del derecho a la representación y defensa). Asimismo, cabe mencionar diversas STCs que han señalado la improcedencia de la aplicación del internamiento de urgencia en el caso de personas mayores con discapacidad cognitiva que ya se encontraban internadas en centros geriátricos (como las STCs 34/2016 de 29 de febrero y 132/2016 de 18 de julio)[284].

---

[282] Real Patronato sobre Discapacidad, *Propuesta articulada de reforma del Código Civil y de la Ley de Enjuiciamiento Civil para su adecuación al artículo 12 de la Convención Internacional de los Derechos de las Personas con Discapacidad*, 2013, disponible en w https://www.notariosyregistradores.com/AULASOCIAL/2013-reforma-aequitas.htm (última consulta 21 de junio de 2020).

[283] Así, por ejemplo, aunque la ley lo permite, salvo en supuestos absolutamente excepcionales, los expedientes de ingreso se tramitan sin que la persona ingresada disponga de representación y defensa; el control periódico se produce en los plazos máximos indicados; o no se suele escuchar a las personas del entorno, en especial, en los internamientos urgentes.

[284] Según esta doctrina en estos casos no concurriría el requisito objetivo de la "urgencia" que justifica la aplicación de este supuesto. En relación con estos casos el TC ha señalado que las políticas asistenciales "no pueden servir en modo alguno de cobertura a situaciones privativas de libertad sin previa autorización judicial" y ha afirmado que no se pueden regularizar

En todo caso, en la aplicación del internamiento involuntario se han venido detectando importantes disfunciones, entre ellas, casos en los que los internamientos se prolongan más del tiempo del necesario al limitarse el control judicial a la recepción de informes de los facultativos del centro que en muchos casos son reiterativos y estereotipados; situaciones en las que los centros de internamiento no son adecuados para el tratamiento de la persona y en los que se producen conflictos de interés con los responsables de dichos centros[285] y ocasiones en las que se recurre a la medida de internamiento como vía para acceder a beneficios administrativos y sociales y obtener plazas residenciales u otros servicios. Además, el art. 763 ha sido empleado a veces para forzar y ha tenido el efecto de generalizar procesos de incapacitación. Por otro lado, el fenómeno de la puerta giratoria y de la puerta de tránsito al sistema penal –provocado por los altercados que pueden tener lugar durante la ejecución forzosa de los internamientos generados, en ocasiones, por la inadecuación de los protocolos existentes que no contemplan siempre la intervención de profesionales del ámbito de la salud mental– revelan la ineficacia de esta medida.

Finalmente, es importante destacar que en el sistema español el internamiento no voluntario se convierte en la práctica en un cheque en blanco en relación con las condiciones de la privación de libertad que suelen dar lugar a prácticas –como los tratamientos médicos involuntarios, el aislamiento, el uso de contenciones físicas o químicas, restricciones en salidas, visitas, correspondencia o llamadas– que implican limitaciones de otros derechos de las personas afectadas, más allá de su derecho a la libertad, sin que existan mecanismos de control de la adopción y aplicación de tales medidas[286].

Estas disfunciones, las críticas relacionadas con la indeterminación del ámbito material del precepto y el debate acerca de la necesidad de regular los tratamientos médicos involuntarios de carácter ambulatorio, dieron lugar ya

---

situaciones "que suponen una vulneración de un derecho fundamental". A su modo de ver, en estas situaciones lo que procede es la solicitud de la medida de internamiento en el marco de un procedimiento de incapacitación. Vid. también la *Circular 2 /2017, sobre el ingreso no voluntario urgente por razón de trastorno psíquico en centros residenciales para personas mayores* de la Fiscalía General del Estado.

285 Vid. en este sentido, el caso que se relata en CERMI , *Derechos humanos y discapacidad. Informe España 2012*, pp. 98 y ss. disponible en http://blog.educalab.es/cniie/wp-content/uploads/sites/3/2013/09/INFORME_DDHH_DISCAPACIDAD_ESPANA_2012.pdf (última consulta 21 de junio de 2020.

286 RAMÍREZ RUIZ, R, "Internamiento involuntario y tratamiento ambulatorio forzoso", *cit.*, pp. 19 y ss.

antes de la adopción de la CDPD a diversas propuestas de reforma del artículo 763 LEci[287], cuya revisión ha devenido imprescindible tras la entrada en vigor de la CDPD.

3.2. LA INCOMPATIBILIDAD DE LA REGULACIÓN ESPAÑOLA DEL INTERNAMIENTO INVOLUNTARIO CON LA CONVENCIÓN INTERNACIONAL SOBRE LOS DERECHOS DE LAS PERSONAS CON DISCAPACIDAD

El internamiento no voluntario se plantea en la legislación española como una forma especial de privación de la libertad por razón de discapacidad que asume, además, el denominado enfoque de estatus al aludir directamente al "trastorno psíquico" como condición de adopción de la medida. De esta forma, este precepto se enfrenta de manera directa con la interpretación que el Comité sobre los Derechos de las Personas con Discapacidad ha hecho del derecho a la libertad de las personas con discapacidad y también con otros derechos reconocidos en su articulado.

En efecto, la actual regulación del internamiento no voluntario instituye una discriminación por motivos de discapacidad al establecer un supuesto específico de privación de la libertad aplicable exclusivamente a las personas con cierto tipo de discapacidades en unas condiciones que resultan perjudiciales en relación con el tratamiento que recibe el resto de la ciudadanía (vulnerándose el art. 5 CDPD); supone la sustitución de la persona en la toma de decisiones sin que se prevea, además, la prestación de apoyos (violándose el art. 12 CDPD); a través de un proceso que, si bien está fijado en la ley y contempla algunas garantías, no asegura la efectiva participación efectiva de la persona afectada al no incluirse, por ejemplo, medidas de accesibilidad y los ajustes procedimentales necesarios (en contraposición con las exigencias del art. 13 CDPD). Además, su aplicación práctica da lugar a la vulneración de

[287] En el año 2004 el Grupo Parlamentario de Convergencia y Unió, a instancias de la entonces Confederación española de Asociaciones de Familiares y Personas con Enfermedad Mentales (F.E.A.F.E.S.), planteó una iniciativa –que finalmente no fructificó al retirarse el proyecto de ley en el que se incorporó– para modificar el artículo 763. Esta iniciativa dio lugar a una amplia discusión que trascendió la sede parlamentaria y en la que se plantearon otras posibles reformas en la regulación del internamiento no voluntario. Entre las propuestas realizadas destacan las del Defensor del Pueblo en su Informe al Ministerio de Justicia de 11/11/2005 ya citado.

otros derechos reconocidos en la CDPD. En particular los tratamientos médicos involuntarios rutinariamente aplicados en los internamientos forzosos no respetan el derecho de las personas con discapacidad al consentimiento libre e informado (art. 25) y afectan a su derecho a la integridad física y mental (art. 17); algunos tratamientos médicos involuntarios especialmente invasivos y otras intervenciones coercitivas pueden implicar tratos inhumanos, degradantes o incluso tortura (art. 15) y no existen suficientes mecanismos para evitar prácticas abusivas (art. 16). Finalmente, el sistema español no dispone de los recursos sociosanitarios para hacer realidad el derecho a la vida independiente y a ser incluido en la comunidad (art. 19) capaces de evitar situaciones de desatención que aboquen a las personas con discapacidad a la institucionalización forzosa.

A tenor de lo anterior, resulta evidente la necesidad de revisar la legislación española en materia de internamiento no voluntario. Así lo puso ya de manifiesto el Comité sobre los Derechos de las Personas con Discapacidad en 2011 en sus *Observaciones finales* sobre el informe inicial presentado por España[288]. El Comité en relación con la aplicación del art. 14 CDPD "toma nota del régimen jurídico que permite el internamiento de las personas con discapacidad, incluidas las personas con discapacidad intelectual y psicosocial ("enfermedad mental"), en establecimientos especiales" y muestra su preocupación por que "se tienda a recurrir a medidas urgentes de internamiento que contienen solo salvaguardias *ex post facto* para las personas afectadas" y por los "malos tratos de que, según se informa, son objeto las personas con discapacidad internadas en centros residenciales o en hospitales psiquiátricos". En este sentido, el Comité recomienda a España "que revise sus disposiciones legislativas que autorizan la privación de libertad por motivos de discapacidad, incluidas las discapacidades mentales, psicológicas o intelectuales; que derogue las disposiciones que autorizan el internamiento forzoso a causa de una incapacidad manifiesta o diagnosticada, y que adopte medidas para que los servicios médicos, incluyendo todos los servicios relacionados con la salud mental, se basen en el consentimiento otorgado con conocimiento de causa por el interesado".

En 2019 el Comité sobre los Derechos de las Personas con Discapacidad reiteró su preocupación por que el "artículo 763 de la Ley de Enjuiciamiento Civil siga permitiendo que las personas con discapacidad psicosocial o inte-

[288] Comité sobre los Derechos de las Personas con Discapacidad, CRPD/C/ESP/CO/1.

lectual sean objeto de internamiento no voluntario en instituciones en las que pueden resultar privadas de su libertad y ser sometidas a tratamiento médico forzado y medidas de contención mecánica" y recomendó de nuevo la "revisión o derogación de todas las disposiciones legislativas, incluido el artículo 763 de la Ley de Enjuiciamiento Civil, para prohibir el internamiento y el tratamiento forzados por motivos de discapacidad y garantizar que las disposiciones relativas a la salud mental tengan un enfoque basado en los derechos humanos"[289].

Además, el Comité también mostró su inquietud por que "el escaso conocimiento por los profesionales de la salud de las obligaciones que dimanan de la Convención lleve a que el internamiento forzado y la contención por medios mecánicos se justifiquen erróneamente como medidas terapéuticas", recomendando la impartición a los profesionales del sector de la salud mental de cursos de sensibilización y capacitación sobre los derechos de las personas con discapacidad y las obligaciones dimanantes de la Convención, elaborados en consulta con las organizaciones de personas con discapacidad". Asimismo, el Comité exhortó a España para que cumpla las obligaciones que le incumben en virtud del artículo 14 de la Convención y se guíe por las *Directrices* del Comité sobre el artículo 14 (2015) en los debates regionales sobre la aprobación del proyecto de protocolo adicional del Convenio de Oviedo, que fueron objeto de análisis en el Capítulo anterior.

En relación con la aplicación del art. 15 de la CDPD[290] el Comité también señala que el artículo 9 de la *Ley de Autonomía del Paciente* y el artículo 763 de la LEci permiten el empleo de medios de contención física, mecánica y farmacológica, en particular la medicación forzada, la sobremedicación, la terapia electroconvulsiva y otros tratamientos o el internamiento sin el consentimiento libre e informado de la persona y denuncia la falta de garantías en el consentimiento informado, el riesgo de que las personas internadas en instituciones, particularmente las personas con discapacidad intelectual, sufran malos tratos y vejaciones y la inexistencia en España de un mecanismo independiente de derechos humanos para supervisar los establecimientos de salud mental. En este punto, el Comité recomienda que se elimine el uso de medidas de contención relacionadas con la discapacidad en todos los entornos; se asegure que se obtiene el consentimiento libre e informado de la per-

[289] CRPD/C/ESP/CO/2-3, paras. 26 y 27.

[290] Idem, paras. 29 y 30.

sona interesada en todos los procedimientos y todas las etapas del sistema de salud mental; se tomen medidas inmediatas para que dejen de infligirse tratos crueles, inhumanos o degradantes a las personas con discapacidad; y que, con la participación activa y en igualdad de condiciones de las organizaciones de personas con discapacidad psicosocial, se cree un mecanismo independiente basado en los derechos humanos que supervise los centros y servicios de salud mental de todas las comunidades autónomas.

Por lo que respecta al cumplimiento del art. 16 el Comité manifiesta, asimismo, su preocupación por las situaciones de violencia y abuso en instituciones, en particular en relación con las mujeres con discapacidad intelectual o psicosocial, la falta de datos y la ausencia de estrategias de prevención y detección de casos de violencia de género en los centros de salud mental[291].

El legislador español no ha llevado a cabo la revisión del art. 763 dejando su modificación fuera del *Proyecto de reforma de la legislación civil y procesal para el apoyo a las personas con discapacidad en el ejercicio de su capacidad jurídica*, cuya tramitación parlamentaria se aprobó en julio de 2020, que propone importantes cambios en el *Código civil* y en la LEci para la implementación del art. 12 de la CDPD[292]. En todo caso, desde la adopción de la CDPD sí que se han planteado, desde distintas instancias, algunas propuestas de revisión que se analizarán en el siguiente apartado.

3.3. PROPUESTAS DE REFORMA DE LA LEGISLACIÓN ESPAÑOLA

Las propuestas de revisión del art. 763 LEci han tenido diferente alcance. Algunas de ellas, como la presentada en 2010 desde el Ministerio Fiscal, no

---

291 Idem, paras. 31 y 32.

292 Vid. sobre este Anteproyecto CUENCA GÓMEZ, P.; "Reflexiones sobre el Anteproyecto de reforma de la legislación civil española en materia de capacidad jurídica de las personas con discapacidad", *Cuadernos Electrónicos de Filosofía del Derecho*, 38, 2018, pp. 82-101 y CUENCA GÓMEZ, P.; "Sobre la reforma de la legislación española en materia de capacidad jurídica", en *Avanzando en la inclusión: Balance de logros alcanzados y agenda pendiente en el Derecho español de la Discapacidad*, Pamplona, Thomson Reuters Aranzadi, 2019, pp. 109-132. Vid. también los trabajos incluidos en la *Revista de Derecho Civil*, V, 2018 y MARTÍNEZ PUJALTE, A.L., "A propósito de la reforma de la legislación española en materia de capacidad jurídica: la voluntariedad como nota esencial del apoyo", *Cuadernos Electrónicos de Filosofía del Derecho*, nº 42, 2020, pp. 240-262.

plantean la derogación de este precepto, sino que inciden en la necesidad de introducir mejoras en su regulación, por ejemplo, el cambio de denominación por el término "ingreso", la inclusión expresa del control judicial de los ingresos residenciales, la necesidad de autorización judicial para la aplicación de medidas restrictivas de derechos, como medidas de contención u otros tratamientos médicos invasivos, el reforzamiento de las garantías procesales o el desarrollo de pautas de inspección por parte de la Fiscalía[293].

Por su parte, la propuesta presentada en 2012 por el Grupo de "Ética y Legislación" de la Asociación Española de Neuropsiquiatría[294] aconseja que la regulación contenida en el art. 763 LEci se traslade a la *Ley 41/2002, de 14 de noviembre, básica reguladora de la Autonomía del Paciente* (LBAP) proponiendo algunas mejoras en su contenido que inciden especialmente, de nuevo, en la inclusión de salvaguardas para la aplicación de medidas especialmente restrictivas de derechos, tales las como las contenciones y aislamientos, considerándose que tales medidas deberán ser especialmente indicadas y motivadas, dejándose constancia en el historial y ser sometidas a control judicial, que será previo cuando las circunstancias lo permitan o bien se realizará a posteriori comunicándose al juez la intervención en cuestión con la mayor brevedad posible.

En 2013 el Real Patronato sobre Discapacidad presentó una propuesta de reforma de la legislación civil para su adaptación a la CDPD que incluía la derogación del art. 763 LEci[295] como forma civil específica de privación de la libertad de las personas con discapacidad. También esta propuesta considera, en la línea antes apuntada, que la actual legislación sanitaria ofrecería un marco adecuado para abordar de manera normalizada y de acuerdo con el principio

---

293 Vid. por ejemplo las propuestas del Ministerio Fiscal en GANZENMULLER ROIG, C. y otros, *Manual de buenas prácticas de los servicios especializados del Ministerio Fiscal en la protección las personas con discapacidad y apoyos en la aplicación de la Convención de Nueva York sobre las personas con discapacidad*, Cuadernos prácticos de la Convención de Nueva York de 13 de diciembre de 2006", Fundación Aequitas, 2010, disponible en *http://www.fiscal.es/cs/Satellite?cid=1240559967837&language=es&pagename=PFiscal%2FPage%2FFGE_buscadorDocEspecialista* (última consulta 21 de junio de 2020).

294 *Propuesta de regulación de los ingresos involuntarios. A propósito de la declaración de inconstitucionalidad del Artículo 763-1 de la Ley de Enjuiciamiento Civil en virtud de sentencia del Tribunal Constitucional Nº 132/2010 de 2 de diciembre*, Rev. Asoc. Esp. Neuropsiq.; 32 (114), 2012, 429-434.

295 Real Patronato sobre Discapacidad, *Propuesta articulada de reforma del Código Civil*, ya citada.

básico de respeto a la autonomía del paciente los ingresos sin consentimiento (al igual que otros tratamientos hospitalarios y domiciliarios) por razones de protección de la salud pública o personal (incluida la protección de la salud mental)[296].

En la misma línea el Comité de Bioética de España en su informe sobre la necesidad de adaptar la legislación española a la CDPD elaborado en 2017[297] entiende que debería procederse a la derogación del art. 763 LEci, remitiendo el tratamiento de esta situación a la legislación sanitaria general. En este sentido se afirma que la LBAP, que establece como regla general la exigencia de consentimiento del paciente para cualquier actuación en el ámbito de su salud (artículo 8.1), contempla la posibilidad de que se lleven a cabo intervenciones clínicas indispensables sin contar con el consentimiento de la persona afectada "*cuando existe riesgo inmediato grave para la integridad física o psíquica del enfermo y no es posible conseguir su autorización, consultando, cuando las circunstancias lo permitan, a sus familiares o a las personas vinculadas de hecho a él*" (artículo 9.2 b); y prevé, asimismo, la posibilidad del consentimiento por representación "*cuando el paciente no sea capaz de tomar decisiones, a criterio del médico responsable de la asistencia, o su estado físico o psíquico no le permita hacerse cargo de su situación*" (artículo 9.3.b). Además, se advierte que en relación con el consentimiento por representación los apartados 4 y 5 del precepto añaden que "*la decisión deberá adoptarse atendiendo siempre al mayor beneficio para la vida o salud del paciente*" y que "*la prestación del consentimiento por representación será adecuada a las circunstancias y proporcionada a las necesidades que haya que atender... El paciente participará en la medida de lo posible en la toma de decisiones a lo largo del proceso sanitario.*

[296] En este sentido conviene tener presente, como advierte entre otros GONZÁLEZ ÁLVAREZ, O., "El tratamiento ambulatorio involuntario de los enfermos mentales. El trasfondo de un prolongado debate", *Portularia,* vol. VI, 1, 2006, pp. 121-130 que la *Ley 3/ 11986 General de Sanidad de 25 de abril* estableció el principio general de plena integración de las actuaciones relativas a la salud mental en el sistema sanitario general. Comparten la posición del Real Patronato CERMI, entre otros en sus informes *Derechos Humanos y Discapacidad. Informe España* 2010 y 2012, ya citados, y también el Instituto de Derechos Humanos "Bartolomé de las Casas" (2012), *Capacidad jurídica y discapacidad*, *Informe Consolider-Ingenio 2010*, nº 23, disponible en http://e-archivo.uc3m.es/handle/10016/14183?locale-attribute=en (última consulta 21 de junio de 2020).

[297] Vid. *Informe del Comité de Bioética de España sobre la necesidad de adaptar la legislación española a la Convención de Derechos de las Personas con Discapacidad,* 2017, pp. 16 y ss., disponible en http://assets.comitedebioetica.es/files/documentacion/es/informe_final_CDPD.pdf (última consulta 21 de junio de 2020).

Si el paciente es una persona con discapacidad, se le ofrecerán las medidas de apoyo pertinentes, incluida la información en formatos adecuados, siguiendo las reglas marcadas por el principio del diseño para todos de manera que resulten accesibles y comprensibles a las personas con discapacidad, para favorecer que pueda prestar por sí su consentimiento". Así, se entiende que, a luz de esta normativa, caben intervenciones clínicas no consentidas por la persona afectada, que pueden incluir el internamiento, bien porque sean indispensables para evitar un riesgo inmediato grave para la integridad física o psíquica, bien porque el paciente no sea en ese momento capaz de tomar decisiones o su estado físico o psíquico no le permita hacerse cargo de su situación, y el consentimiento sea entonces prestado por representación (por su representante legal o las personas vinculadas a él por razones familiares o de hecho) y se considera que esta misma regulación debería aplicarse a las situaciones de salud mental. En todo caso, se señala que si se deroga el artículo 763 LEci, para evitar que esta modificación legal suponga una pérdida de garantías, tendría a la vez que reformarse el artículo 9 de la LBAP (que deberá tener rango de Ley Orgánica) para incorporar las garantías que hoy reviste la medida de internamiento no voluntario: concretamente la exigencia de autorización judicial, al menos para los internamientos que superen un determinado plazo, o que no tengan como finalidad la simple realización de una intervención o tratamiento puntual y temporalmente acotado[298]. Se indica en este informe que la autorización judicial sería necesaria para cualquier internamiento no voluntario por razones de salud, propia o de terceros, abarcando otros supuestos como, por ejemplo, el internamiento obligatorio de pacientes con enfermedades infecto-contagiosas cuando exista peligro para la salud pública.

En su informe sobre el borrador del *Protocolo* del Convenio de Oviedo el Comité de Bioética de España señala que otra opción para adaptar la regulación del internamiento involuntario a la Convención sería la de eliminar el sesgo discriminatorio contenido en el art. 763 LEci convirtiendo este precepto en una norma de aplicación general a todas las personas en las que concurran determinadas circunstancias[299]. En esta línea, algunas propuestas han señalado

---

298 MARTÍNEZ-PUJALTE, A. L., "Derechos en conflicto, conflicto de derechos: principales fricciones entre la Convención Internacional sobre los Derechos de las Personas con Discapacidad y la legislación nacional española", en PÉREZ BUENO, L.C. y DE LORENZO, R., (dirs.), *La Convención Internacional sobre los Derechos de las Personas con Discapacidad: una década de vigencia*, Madrid, CINCA, 2016, pp. 167-176.

299 *Informe del Comité de Bioética de España valorando el borrador de Protocolo Adicional al Convenio de Oviedo sobre Derechos Humanos y Biomedicina*, cit., p.37.

que podría optarse por la aprobación de una Ley general de intervenciones médicas no consentidas que regulase con detalle todas las situaciones, aplicable a las personas con y sin discapacidad.

Por último, cabe mencionar también la adopción del denominado *Manifiesto de Cartagena. Por unos servicios de salud mental respetuosos con los derechos humanos y libres de coerción* presentado por la Asociación Española de Neuropsiquiatría, la Federación en Primera Persona, Veus y la Confederación Salud Mental España[300] que considera necesario avanzar en la toma de conciencia sobre el hecho de que prácticas coercitivas como el uso de sujeciones o contenciones, aislamiento y otras formas de coacción no garantizan los derechos de las personas afectadas y trabajar para su eliminación y para la erradicación de las deficiencias asistenciales que las hacen posibles.

***

De las consideraciones desarrolladas en estas páginas, se desprende la necesidad de derogar la regulación actual del internamiento involuntario contenida en el art. 763 LEci en tanto supone un claro ejemplo de privación de la libertad por motivos de discapacidad enfrentado radicalmente con la CDPD. A mi modo de ver, la ausencia de iniciativas legislativas relacionadas con esta cuestión responde, al igual que sucede en otros países, a la falta de comprensión y a la ausencia de un compromiso firme con las claves que son necesarias para la adecuada implementación del art. 14 de la Convención, claves sobre las que pretendo reflexionar en el siguiente Capítulo.

[300] Disponible en https://aen.es/blog/2016/06/05/manifiesto-en-torno-a-la-coercion-en-los-servicios-de-salud-mental/, última consulta 21 de junio de 2020. Vid. También sobre esta cuestión el Informe del Comité de Bioética de España, *Consideraciones éticas y jurídicas sobre el uso de contenciones mecánicas y farmacológicas en los ámbitos social y sanitario*, 2016, http://assets.comitedebioetica.es/files/documentacion/Informe%20Contenciones-CBE.pdf, (última consulta 21 de junio de 2020).

Capítulo 4
Algunas claves para la implementación del art. 14 de la Convención y la erradicación de los internamientos involuntarios

Se ha señalado con razón que las formas de privación de la libertad específicas para las personas con discapacidad, como el internamiento involuntario, y las medidas coercitivas que llevan aparejadas, comparten características, filosofías y fundamentos que apelan a la protección de la persona, pero también al control y la defensa social[301] erigiéndose como la última expresión de un *continuum* de legislaciones y prácticas excluyentes y segregadoras[302] detrás de las cuales subyace la perspectiva asistencialista y el modelo médico de tratamiento de la discapacidad[303], e, incluso, en algunos aspectos, el modelo de la prescindencia.

Desde esta visión, las personas con discapacidad, por sus propias deficiencias, se conciben como sujetos que precisan una atención especializada que requiere de su institucionalización, como individuos incapaces de cuidar de sí mismos, de decidir sobre su vida y su salud, e incluso como seres peligrosos que implican una amenaza para la sociedad, y, en definitiva, como personas que carecen de las habilidades necesarias para convivir de manera normalizada en la comunidad. Por esta razón, como se ha venido advirtiendo, las res-

---

301 FLYNN, E., PINILLA-ROCANCIO, M. y GÓMEZ-CARRILLO DE CASTRO, M. *Disability-specific forms of deprivation of liberty*, 2019, cit. p. 10.

302 Idem, p. 11.

303 Relatora Especial sobre los derechos de las personas con discapacidad, cit., para. 14.

tricciones específicas a la libertad justificadas en la discapacidad no se han percibido como una vulneración de los derechos humanos[304], y ni siquiera, en muchas ocasiones, como auténticos supuestos de privación de la libertad[305]. Por el contrario, estas limitaciones se han venido aceptando como una respuesta necesaria para preservar la seguridad pública o los derechos de terceras personas o para proteger a la propia persona afectada debido a la concurrencia de necesidades de cuidado y tratamiento determinadas por profesionales médicos o asistenciales[306].

Desde el modelo de la Convención, las limitaciones del derecho a la libertad que padecen específicamente las personas con discapacidad no se imputan a sus propias anomalías individuales, prestándose atención a los factores sociales que las generan o potencian[307] entre los que se encuentran el inadecuado diseño de los sistemas de protección y atención socio-sanitaria orientados a este colectivo, su exclusión de los servicios de apoyo generales[308], la asociación entre pobreza y discapacidad[309], la pervivencia de hábitos mentales que reflejan prejuicios y estereotipos, la criminalización de comportamientos "atípicos"[310] o la existencia de relaciones de poder, particularmente, el domi-

---

304 Flynn, E., "Disability, Deprivation of Liberty and Human Rights Norms: Reconciling European and International Approaches", cit., p. 79. También FLYNN, E.; PINILLA-ROCANCIO, M. y GÓMEZ-CARRILLO DE CASTRO, M. *Disability-specific forms of deprivation of liberty,* cit. pp. 86 y ss.

305 Relatora Especial sobre los derechos de las personas con discapacidad, A/HRC/40/54 cit., para. 24.

306 Idem, para. 15.

307 Como apunta la Relatora Especial sobre los derechos de las personas con discapacidad, Idem, para. 25 "las causas de las formas de privación de libertad específicas de la discapacidad son universalmente mal entendidas. Si bien la mayoría de las personas cree que los factores desencadenantes están relacionados con el deterioro … las causas subyacentes son en gran medida sociales". Vid. un análisis detallado de estas causas en Idem, para. 16 y ss.

308 FLYNN, E.; PINILLA-ROCANCIO, M. y GÓMEZ-CARRILLO DE CASTRO, M., *Disability-specific forms of deprivation of liberty*, cit., p. 76.

309 En este sentido, la Relatora Especial sobre los derechos de las personas con discapacidad, A/HRC/40/54 , cit., para. 24 ha resaltado la relación entre la pobreza, la falta de vivienda y la discapacidad.

310 Vid. Relator Especial sobre tortura y otros tratos o penas crueles, inhumanos o degradantes, A/HRC/22/53, cit., para. 29 y Relator Especial sobre el derecho de toda persona a disfrutar del más alto nivel posible de salud física y mental, A/HRC/35/21, cit., para. 21 y ss. quien señala que las "leyes que permiten a los profesionales psiquiátricos llevar a cabo tratamientos e internamientos forzosos legitiman las asimetrías de poder entre los profesionales psiquiátricos y las personas usuarias de los servicios de salud mental y su uso indebido" y que "este uso

nio que los profesionales del ámbito médico y asistencial ejercen sobre la vida de las personas con discapacidad[311].

Teniendo en cuenta todo lo anterior y teniendo presente, además, la interconexión del derecho libertad con otros derechos, ya destacada en el primero de los Capítulos de este trabajo, se plantearán en lo que sigue algunos de los cambios legales, políticos y sociales que se consideran necesarios para la adecuada implementación del art. 14 CDPD.

Tal y como ha remarcado insistentemente el Comité sobre los Derechos de las Personas con Discapacidad[312] y han señalado también otros organismos[313], el art. 14 CDPD exige una profunda revisión de los marcos legales existentes en los sistemas jurídicos domésticos con el objetivo de derogar todas las previsiones que permiten la privación de la libertad por motivos de discapacidad, incluidas aquéllas que establecen el internamiento involuntario de las personas con discapacidad intelectual, psicosocial o con otras discapacidades de carácter cognitivo, como sucede con el art. 763 de la LEci en el caso español.

Es importante advertir que el rechazo de esta legislación especial dirigida exclusivamente a permitir la detención de personas con ciertos tipos de discapacidades puede ser compatible con la presencia en la normativa sanitaria general de regulaciones que admitan hospitalizaciones involuntarias y/o tratamientos forzosos sobre la base de criterios no discriminatorios que resulten aplicables a toda la población.

En efecto, en función de cómo cada legislación nacional pondere el conflicto entre el derecho a la libertad y otros bienes, intereses y derechos en juego pueden resultar admisibles algunas intervenciones no consentidas en la libertad personal en situaciones de emergencia. De nuevo, el desafío que surge –de considerarse, insisto, que en algunas circunstancias excepcionales está justificada la limitación de la autonomía de la persona y el recurso a medidas coercitivas– consiste en determinar cómo pueden definirse estas instancias ex-

indebido de las asimetrías de poder impera, en parte, porque con frecuencia las disposiciones jurídicas obligan a los profesionales y al Estado a adoptar medidas coercitivas".

311 Relatora Especial sobre los derechos de las personas con discapacidad, A/HRC/40/54, cit., para. 34.

312 Vid. por ejemplo *Directrices sobre el derecho a la libertad y la seguridad de las personas con discapacidad*, cit., pero también muchas de las *Observaciones Finales* adoptadas por el Comité citadas en el primero de los capítulos de este trabajo.

313 Vid. por ejemplo, Relatora Especial sobre los derechos de las personas con discapacidad, A/HRC/40/54 , cit., para. 87 b).

cepcionales en términos que no supongan incurrir otra vez en una discriminación, tampoco en una discriminación indirecta, por motivos de discapacidad. Como resulta del análisis desarrollado en otros momentos del presente estudio, desde el modelo de la Convención, esta legislación no puede apelar a la combinación de la discapacidad con otros elementos, como los tradicionales de la necesidad de cuidado o tratamiento o la peligrosidad para la propia persona o terceras personas, ni puede basarse en la evaluación individualizada de la competencia o de la capacidad mental.

En este punto, se ha considerado en relación con las intervenciones de corte paternalista que una adecuada aplicación de la doctrina de la necesidad, empleada ya en supuestos de excepción en ordenamientos jurídicos de diferentes tradiciones, podría ofrecer estándares realmente neutrales aplicables a todas las personas y una ponderación equilibrada de los elementos en juego que merecería la pena explorar[314]. Por otro lado, de considerarse admisible un internamiento no voluntario con fines únicamente preventivos fundamentado en un potencial peligro genérico para terceras personas –admisibilidad muy dudosa como antes se dijo en el marco de un Estado de Derecho al prestarse a importantes abusos– no debería trazarse una distinción entre las personas en función de sus condiciones psíquicas[315] y se ha indicado, además, que la sede adecuada para llevar a cabo esta regulación sería la legislación penal, lo que supondría la operatividad de los vigorosos principios y garantías propios de este ámbito normativo[316].

---

314 Así, por ejemplo, en el marco de esta doctrina FLYNN, E. y GOODIN, P., "Querying the Call to Introduce Mental Capacity Testing to Mental Health Law: Does the Doctrine of Necessity Provide an Alternative?", cit., pp. 258-261 han propuesto el empleo de la situación de los "graves efectos adversos" entendida como una situación en la que la vida, la salud o la seguridad de una persona están en riesgo inminente y grave y la falta de intervención constituiría negligencia penal o civil. También FLYNN, E. y ARSTEIN-KERSLAKE, A., "State Intervention in the Lives of People with Disabilities: The Case for a Disability Neutral Framework", *International Journal of Law in Context,* vol. 13(1), 2017, pp. 39-57 proponen el parámetro del daño inminente y grave como justificación general de la intervención estatal en la esfera de libertad de la ciudadanía en general, si bien consideran que este criterio no puede justificar los internamientos y tratamientos involuntarios puesto que en este caso no se pasaría el test de proporcionalidad debido a los graves perjuicios que se ocasiona a las personas sometidas a estas prácticas.

315 RAMÍREZ RUIZ, R., "Internamiento involuntario y tratamiento ambulatorio forzoso", *cit.,* pág. 14 y BARIFFI, F., *El régimen jurídico internacional de la capacidad jurídica, cit.,* pág. 429.

316 Ibídem.

De cualquier forma, como he venido advirtiendo, la restricciones o limitaciones a la libertad basadas en razones de salud pública, que han proliferado adoptando formas muy diversas en la actual situación de pandemia mundial, no presentarían en línea de principio problemas desde la óptica de la CDPD al carecer, insisto en inicio, de un sesgo discriminatorio por resultar aplicables a la población en general. Ahora bien, estas limitaciones que responden evidentemente a un fin legítimo –como sucede con los fines esgrimidos para justificar los internamientos involuntarios de personas con discapacidad– han de pasar también el filtro del resto de elementos del juicio de proporcionalidad (que por cierto no parecen estar presentes, o al menos no han sido suficientemente tenidos en cuenta o argumentados de la mejor forma en muchas de las decisiones judiciales de distinto signo que se han sucedido en el contexto español sobre la justificación de las medidas vinculadas a la pandemia COVID-19). Aunque, como se indicó en la introducción, el presente trabajo no pretende entrar en el análisis exhaustivo de estas medidas sí me gustaría realizar algunas consideraciones generales que se relacionan con algunos aspectos que sí han sido objeto de estudio. En primer lugar, cuestión que parece recordar a cómo funciona en ocasiones el internamiento involuntario de las personas con discapacidad, cabe destacar que en ciertos casos la aplicación de algunas medidas de "confinamiento" relacionadas con la pandemia opera sobre la base de sospechas de un hipotético riesgo de transmisión del virus de determinadas personas (sin que se existan pruebas fehacientes que lo confirmen), lo que resulta ciertamente problemático. En segundo lugar, resulta esencial advertir que en el diseño de medidas de confinamiento o restricciones de la libertad de carácter general para la protección de la salud pública debe tenerse en cuenta su impacto particular en el colectivo de personas con discapacidad y establecer diferencias de trato que compensen la incidencia especialmente adversa que pueden tener en algunas estas situaciones. En tercer lugar, y en especial a partir de un determinado momento, parecen cuestionables las medidas reforzadas de confinamiento y aislamiento adoptadas en el contexto de las instituciones residenciales de personas mayores y de personas con discapacidad –en comparación con el relajamiento general de las medidas para el resto de la población– sin que se parezca valorarse adecuadamente ni sus graves prejuicios ni posibilidad real de poner en marcha medidas alternativas efectivas para protegerlas de la transmisión (objetivo que, en todo caso, no parece estar cumpliéndose y que saca a la luz, además, deficiencias profundas previamente existentes en el modelo actual de atención residencial).

Volviendo a la cuestión central que nos ocupa, y más allá de la reforma legal, la adecuada implementación del art. 14 CDPD exige tomar en consideración dos aspectos estrechamente relacionados: la íntima conexión existente entre los derechos reconocidos en el articulado de la Convención y la definitiva superación de la división tradicional entre las diferentes categorías tradicionales de derechos que este Tratado supone[317]. Y es que, ciertamente, para cumplir con las exigencias del art. 14 CDPD no debe ponerse el foco exclusivamente en los "derechos negativos" que exigen la libertad de las personas con discapacidad frente al internamiento involuntario y las medidas coercitivas vinculadas a esta práctica, sino que también se debe enfatizar la importancia de los "derechos positivos" que reclaman que el Estado provea mecanismos, servicios y apoyos adecuados relacionados con la efectiva realización de otros artículos de la Convención.

En este sentido, para eliminar las prácticas involuntarias resulta esencial, en primer lugar, la **disponibilidad y accesibilidad de diferentes modos y medios de comunicación e información en el ámbito médico** y asistencial que tengan en cuenta las necesidades de las personas con discapacidad, y, en especial, de las personas con discapacidades cognitivas, garantizando que puedan prestar su consentimiento libre e informado a los ingresos y tratamientos médicos[318]. Asimismo, se debe asegurar que las personas con discapacidad que lo precisen cuentan con un amplio abanico de medidas de apoyo en la toma de decisiones en este contexto, lo que en algunas situaciones puede conllevar identificar situaciones de aislamiento y facilitar la creación de redes de apoyo. En relación con esta cuestión, se ha destacado, además, la relevancia

---

317 Ciertamente, como ya se puso de manifiesto en los debates previos a la elaboración de la CDPD, en el ámbito de la discapacidad no resulta útil establecer demarcaciones rígidas entre tipos de derechos lo que se refleja en la naturaleza "mixta" de muchas de sus disposiciones que combinan "creativamente" derechos civiles y políticos con derechos económicos sociales y culturales y mandatos negativos de no interferencia con medidas positivas de política social. SAN JOSÉ GIL, A., "El primer Tratado de Derechos Humanos del siglo XXI", *Revista electrónica de Estudios Internacionales*, nº13, 2007, pp. 1-26. Ciertamente, como señaló su Presidente en la Carta de fecha 7 de octubre de 2005 dirigida a los miembros del Comité especial "muchos de los artículos de la Convención, "contienen una mezcla de derechos civiles y políticos, y económicos, sociales y culturales, incluido el derecho a la no discriminación", A/AC.265/2006/1.

318 Vid. por ejemplo Alto Comisionado de las Naciones Unidas para los Derechos Humanos de Naciones Unidas, A/HRC/34/32, cit., para. 27 quien ha señalado que "el cumplimiento de las normas de la Convención sobre los Derechos de las Personas con Discapacidad sobre accesibilidad de la información y las comunicaciones es una condición previa fundamental para el ejercicio de la capacidad jurídica y el consentimiento libre e informado".

que puede tener, especialmente en situaciones de crisis, potenciar el empleo de directivas anticipadas, poderes preventivos, o instrucciones previas[319] y se ha recordado la necesidad, ya mencionada, de incorporar en la gestión de las situaciones más complejas en las que no se puede determinar los deseos de la persona el principio de la mejor interpretación posible de su voluntad y preferencias como último recurso[320].

Igualmente, para garantizar la plena y efectiva protección del derecho a la libertad de las personas con discapacidad es necesario impulsar un cambio en el modelo tradicional de atención sociosanitaria que legitima la coerción y la institucionalización y que en el ámbito de la salud mental responde a un paradigma biomédico reduccionista centrado exclusivamente en la medicalización y las intervenciones farmacológicas[321]. Frente a este modelo es necesario transitar hacia un nuevo modelo basado en un enfoque de derechos humanos[322] que de importancia a los contextos y las relaciones, a los determinantes sociales y ambientales –que, por cierto, son también esenciales la adecuada gestión de la pandemia COVID-19– y que apueste por la voluntariedad, el empoderamiento y por la prestación de cuidados y tra-

---

[319] Vid. Idem, para. 28 y Relatora Especial sobre los derechos de las personas con discapacidad, A/HRC/40/54, cit., para. 72 quien señala que estas directivas, que permiten a las personas establecer su voluntad y preferencias sobre cómo desean ser tratadas en el futuro, pueden incluir el rechazo a recibir ciertos tratamientos y que para ser efectivas se debe garantizar que son libremente elegidas, que la persona mantiene el control sobre cuándo debe entrar en vigor y que están sujetas a la decisión de la persona de cambiar su voluntad y preferencias.

[320] Comité sobre los Derechos de las Personas con Discapacidad, *Directrices sobre el derecho a la libertad y la seguridad de las personas con discapacidad,* cit., para. 23. Vid también Alto Comisionado de las Naciones Unidas para los Derechos Humanos, A/HRC/34/32, cit., para. 28.

[321] Es especialmente crítico con este paradigma el Relator Especial sobre el derecho de toda persona a disfrutar del más alto nivel posible de salud física y mental en su informe ya citado, A/HRC/35/21.

[322] Vid. el énfasis que hace en este cambio el Alto Comisionado de las Naciones Unidas para los Derechos Humanos de Naciones Unidas en el Informe antes citado. En el ámbito de la salud mental este enfoque "exige a los Estados asegurar una disponibilidad suficiente de establecimientos, bienes y servicios de salud mental y que estos sean accesibles y asequibles sobre la base de la no discriminación. También se les exige, entre otras cosas, que estos establecimientos, bienes y servicios de salud mental tengan en cuenta las diferencias de género, que sean adecuados desde el punto de vista científico y médico y de buena calidad y que respeten la ética médica, por ejemplo, en lo tocante a la autonomía y la capacidad de actuar sin discriminación", Idem, para. 9.

tamiento en la comunidad.[323] Ciertamente, en muchas ocasiones, la falta de dispositivos y apoyos comunitarios está detrás de las necesidades médicas y asistenciales que se emplean como justificación de los internamientos involuntarios; la adopción de estas medidas es, a veces, un trámite necesario para acceder a servicios que deberían prestarse en la comunidad y la falta de soporte a las familias de las personas con discapacidad hace que se vean obligadas a solicitar su ingreso forzoso en instituciones como única vía ante la inexistencia de opciones alternativas[324]. La implantación de este modelo de atención comunitario, que debe diseñarse en consulta estrecha con las organizaciones de personas con discapacidad[325], exige que las personas con discapacidad mantengan el control sobre sus apoyos y requiere el diseño e implementación de estrategias adecuadas de desinstitucionalización[326] y la localización y reasignación de recursos humanos y financieros[327]. Conviene, además, tener presente que la prestación de apoyos, servicios y tratamientos en la comunidad no sólo es más respetuosa con los derechos de las personas

[323] Vid. sobre la necesidad de implementar servicios comunitarios en salud mental, Idem, para. 54. Asimismo, el Relator Especial sobre el derecho de toda persona a disfrutar del más alto nivel posible de salud física y mental, A/HRC/35/21, cit., para. 95. También la ex Relatora Especial sobre los derechos de las personas con discapacidad insiste en la importancia de los sistemas de protección social inclusivos para reducir la privación de la libertad de las personas con discapacidad, A/HRC/40/54, cit., para. 78.

[324] FLYNN, E.; PINILLA-ROCANCIO, M. y GÓMEZ-CARRILLO DE CASTRO, M., *Disability-specific forms of deprivation of liberty*, cit., pp. 72 y ss.

[325] Relatora Especial sobre los derechos de las personas con discapacidad, cit., A/HRC/40/54, paras. 78-80 y Alto Comisionado de las Naciones Unidas para los Derechos Humanos, A/HRC/34/32, cit., paras. 43 y 44.

[326] Vid. Relatora Especial sobre los derechos de las personas con discapacidad, A/HRC/40/54 cit., paras. 67-69. También el Comité ha insistido en la relevancia de estos procesos de desinstitucionalización que considera exigen cambios estructurales, CRPD/C/GC/5, cit., paras. 16c), 41 y 57. En el caso de España el Comité, CRPD/C/ESP/CO/2-3, para.38 c) ha recomendado a España que "diseñe, apruebe y lleve a la práctica una estrategia integral de desinstitucionalización y establezca salvaguardias para garantizar el derecho a vivir de forma independiente y a ser incluido en la comunidad en todas las regiones, destinando los recursos dedicados al internamiento a los servicios prestados en la comunidad, y aumentando el apoyo presupuestario para las personas con discapacidad a fin de que puedan acceder a los servicios, incluida la asistencia personal, en igualdad de condiciones con las demás personas".

[327] En este punto, el Alto Comisionado de las Naciones para los Derechos Humanos, A/HRC/34/32, cit., para. 19 ha denunciado, por ejemplo, la insuficiente inversión en salud mental y las malas decisiones sobre su utilización que hacen que esta financiación se dedique a hospitales psiquiátricos con la correlativa falta de inversión en servicios y apoyos de salud mental basados en la comunidad.

con discapacidad, sino que es también más eficaz y más rentable que la opción de la institucionalización forzosa[328].

En todo caso, para erradicar las formas de privación de la libertad específicas para las personas con discapacidad resulta también crucial garantizar a este colectivo un nivel de vida adecuado y una apropiada protección social; el acceso al mercado laboral, la plena inclusión en el sistema educativo, etc.[329].

Lo anterior supone que la plena realización del derecho a la libertad de las personas con discapacidad depende, de un modo muy relevante, de la efectividad de dimensiones de otros derechos, algunas de las cuales parecen estar sujetas a realización progresiva[330]. En este punto, es necesario tener en cuenta que, tal y como ha resaltado el Comité sobre los Derechos de las Personas con Discapacidad, "a fin de lograr la efectividad progresiva de los derechos económicos, sociales y culturales, los Estados partes deben adoptar medidas hasta el máximo de los recursos de que dispongan" y en que "esas medidas

---

328 Como apunta la ex Relatora Especial sobre los derechos de las personas con discapacidad, A/HRC/40/54, cit., para. 83 "los Estados deben dejar de financiar los servicios que privan a las personas de su libertad por motivos de discapacidad. El internamiento involuntario y la institucionalización no solo son incorrectos, sino que también representan un uso innecesario e ineficaz de los recursos públicos. La evidencia demuestra que brindar el apoyo adecuado a las personas con discapacidad es una opción mucho más exitosa y rentable que ponerlas en instituciones de cualquier tipo. Además, la admisión obligatoria a centros psiquiátricos y otras instituciones expone a los gobiernos a costosos sistemas de salvaguardias, así como a litigios prolongados y costosos". Vid. también Relator Especial sobre el derecho de toda persona a disfrutar del más alto nivel posible de salud física y mental, A/HRC/35/21, cit. para. 95 b. En diversas *Observaciones Finales* el Comité CDPD ha reclamado que se asignen más recursos financieros para garantizar la disponibilidad de servicios comunitarios suficientes. En el caso de España, por ejemplo, CRPD/C/ESP/CO/2-3, para. 38 b) recomendó que se "suspenda la utilización de fondos públicos en la construcción de instituciones residenciales para personas con discapacidad e invierta en sistemas de vida independiente en la comunidad y en todos los servicios generales, a fin de que esos sistemas sean inclusivos, garantizando que sean accesibles para todas las personas con discapacidad y estén al alcance de estas".

329 En este sentido, el Alto Comisionado de Derechos Humanos, ha destacado que los obstáculos en el disfrute de los derechos económicos sociales y culturales, tales como los derechos a la educación, el trabajo, la vivienda, el agua o la alimentación son factores determinantes básicos de la salud mental, A/HRC/34/32, cit., para. 12. Y ha indicado que las políticas de vivienda y de protección social, tal como se prevé en los artículos 19 y 28 de la Convención sobre los Derechos de las Personas con Discapacidad, son fundamentales para asegurar un nivel de vida adecuado a las personas con discapacidad psicosocial, Idem, para. 59.

330 DOYLE GUILLOUD, S., "Charting a path to the provision of non-coercive mental healthcare: the roots and branches of universal legal capacity and the support paradigm", cit., pp. 21 y ss.

deben adoptarse de inmediato o dentro de un período de tiempo razonablemente breve, y deben ser deliberadas, concretas, selectivas y utilizar todos los medios apropiados"[331]. Asimismo, ha subrayado el Comité que la efectividad progresiva de algunos de los aspectos del art. 19 CDPD entrañan "la obligación inmediata de concebir y aprobar estrategias, planes de acción y recursos concretos para desarrollar servicios de apoyo, y de hacer inclusivos los servicios generales, tanto existentes como de nueva creación, para las personas con discapacidad"[332].

Finalmente, es importante advertir que los cambios legales y políticos señalados deben ir acompañados de un cambio social. En efecto, para poner fin al internamiento involuntario como forma específica de privación de la libertad por motivos de discapacidad y a las prácticas nocivas vinculadas con esta medida se requieren transformaciones profundas en la mentalidad social, esto es, en la percepción de las personas con discapacidad y, en especial de las personas con discapacidad psicosocial, intelectual y con otras discapacidades de tipo cognitivo y en las asunciones culturales tradicionalmente compartidas en torno a este colectivo[333]. Así, las reformas en los marcos jurídicos y políticos deben complementarse con acciones decididas de capacitación y toma de conciencia dirigidas a todas las partes implicadas autoridades, profesionales, proveedores de servicios, medios de comunicación, familias, personas con discapacidad y a la sociedad en general[334].

***

Las reflexiones anteriores revelan, en efecto, que la adecuada protección del derecho a la libertad de las personas con discapacidad depende de la materialización de aspectos concretos de otros derechos que exigen una acción por parte de los poderes públicos. De este modo, el cumplimiento de la obligación positiva de los Estados de proveer bienes y servicios de alta calidad que potencien la autonomía de las personas con discapacidad permitirá, a su vez, ga-

[331] CRPD/C/GC/5, cit., para. 41.

[332] Idem, para. 39.

[333] Comparto en este sentido las reflexiones de QUINN, G., incluidas en el Prefacio de FLYNN, E.; PINILLA-ROCANCIO, M.; GÓMEZ-CARRILLO DE CASTRO, M. *Disability-specific forms of deprivation of liberty*, cit., p. 1.

[334] Relatora Especial sobre los derechos de las personas con discapacidad, A/HRC/40/54, cit., para.81.

rantizar la obligación negativa de no interferencia en su esfera de libertad y el respeto de sus elecciones[335], y, en particular, en lo que interesa especialmente al objeto del presente trabajo, conseguirá evitar su ingreso forzoso en instituciones de salud mental o centros asistenciales. Esta estrategia, que enfatiza la importancia de las medidas proactivas de apoyo, ofrece una tercera alternativa al trágico dilema que supone tener que elegir entre la coerción, esto es, entre internar (y tratar) de forma involuntaria a las personas con discapacidades cognitivas o dejarlas abandonadas a su suerte[336] y puede generar consenso entre todas las partes interesadas, contribuyendo a vencer resistencias.

En todo caso, sólo si se logra convencer de que la privación de la libertad basada en la discapacidad, y, en concreto, el internamiento involuntario no es un mal necesario[337], sino una consecuencia de la falta de cumplimiento por parte de los Estados de sus obligaciones de respetar, proteger y promover los derechos humanos de las personas con discapacidad será factible ponerle fin.

---

335 GOODING, P., "Supported Decision-Making: A Rights-Based Disability Concept and its Implications for Mental Health Law", cit., pp. 439 y ss.

336 Idem. Se trataría según MCSHERRY, B., "Mental Health Laws: Where to From Here?'", *Monash University Law Review*, vol. 40.1, 2014, pp. 175-197. de una alternativa a la aparente 'binaria' situación de o detener y tratar a las personas con discapacidad mental sin su consentimiento, o, citando en este punto a Darold Treffert, "dejarles morir con sus derechos".

337 Relatora Especial sobre los derechos de las personas con discapacidad, A/HRC/40/54, cit., para. 86.

REFERENCIAS

1. BIBLIOGRAFÍA

ARSTEIN-KERSLAKE, A., *Restoring Voice to People with Cognitive Disabilities: Realizing the Right to Equal Recognition before the Law, Cambridge,* Cambridge University Press, 2017.

ARSTEIN-KERSLAKE, A. y FLYNN, E., "The General Comment on Article 12 of the Convention of the Rights of Persons with Disabilities: A Roadmap for Equality before the Law", *International Journal of Human Rights,* vol. 20, 4, 2016, pp. 471-490.

AAVV, *Torture in Healthcare Settings: Reflections on the Special Rapporteur on Torture's 2013 Thematic Report,* Center for Human Rights and Humanitarian Law, American University.

BARIFFI, F., *El régimen jurídico internacional de la capacidad jurídica de las personas con discapacidad y sus relaciones con la regulación actual de los Ordenamientos jurídicos internos*, Cinca, Madrid, 2014.

BARTLETT, P., "A mental disorder of a kind or degree warranting confinement: examining justifications for psychiatric detention", *The International Journal of Human Rights*, vol. 16:6, 2012, pp. 831-844.

BARTLETT, P., "The United Nations Convention on the Rights of Persons with Disabilities and Mental Health Law", *Modern Law Review,* vol. 75(5), 2012, pp. 752-778.

BARLETT, P.; LEWIS, O. y THOROL, O., *Mental Disability and the European Convention on Human Rights*, Brill | Nijhoff, 2007.

BARNES, C. y MERCER, G., *Disability,* Polity Press, Cambridge, 2003.

BARRANCO AVILÉS, M.C., (coord.), *Situaciones de dependencia, discapacidad y derechos,* Dykinson, Madrid, 2011.

BARRIOS FLORES, L.F., "El ingreso psiquiátrico involuntario de carácter urgente: una revisión, tras la STC 141/2012, de 2 de julio", *Rev. Asoc. Esp. Neuropsiq.*, vol. 32,116, 2012, pp. 829-847.

BARRIOS FLORES, L.F., "La regulación del internamiento psiquiátrico involuntario en España: carencias jurídicas históricas y actuales", *Derecho y Salud*, nº. 22, 2012, pp. 31-56.

BERCOVITZ RODRÍGUEZ-CANO, R., "La protección jurídica de la persona en relación con su internamiento involuntario en centros sanitarios o asistenciales por razones de salud", *Anuario de derecho civil*, vol. 37 (4), 1984, pp. 953-974.

BERCOVITZ RODRÍGUEZ-CANO, R., *La marginación de locos y el Derecho,* Taurus, Madrid, 1976.

BIEL, I. y SMITH, R.K.M., *Textbook on International Human Rights*, Oxford University Press, Nueva York, 2007.

CAMPBELL, T., "Mental health law: Institutionalised discrimination Mental health law: Institutionalised discrimination", *Australian and New Zealand Journal of Psychiatry*, vol. 28:4, 1994, pp. 554-559.

CUENCA GÓMEZ, P., *La adaptación de la normativa penitenciaria española a la Convención Internacional sobre los Derechos de las Personas con Discapacidad,* Cinca, Madrid, 2019.

CUENCA GÓMEZ, P.; "Sobre la reforma de la legislación española en materia de capacidad jurídica", en *Avanzando en la inclusión: Balance de logros alcanzados y agenda pendiente en el Derecho español de la Discapacidad*, Pamplona, Thomson Reuters Aranzadi, 2019, pp. 109-132.

CUENCA GÓMEZ, P.; "Reflexiones sobre el Anteproyecto de reforma de la legislación civil española en materia de capacidad jurídica de las personas con discapacidad", *Cuadernos Electrónicos de Filosofía del Derecho*, 38, 2018, pp. 82-101

CUENCA GÓMEZ, P., "El sistema de apoyo en la toma de decisiones desde la Convención Internacional sobre los Derechos de las Personas con Discapacidad: principios generales, aspectos centrales e implementación en la legislación española*", Revista electrónica del Departamento de Derecho de la Universidad de La Rioja, REDUR,* nº 10, 2012, pp. 61-94.

CUENCA GÓMEZ, P., *Los derechos fundamentales de las personas con discapacidad,* Universidad de Alcalá-Defensor del Pueblo, Madrid, 2012.

CUENCA GÓMEZ, P., "La capacidad jurídica de las personas con discapacidad en el artículo 12 de la Convención de la ONU y su impacto en el ordenamiento jurídico español", *Derechos y Libertades,* nº 24, 2011, pp. 221-257

DAWSON, J., "A realistic approach to assessing mental health laws' compliance with the UNCRPD", *International Journal of Law and Psychiatry*, 40, 2015, pp. 70-79.

DE ASÍS ROIG, R., *Sobre discapacidad y derechos,* Dykinson, Madrid, 2013.

DE ASÍS ROIG. R., "La igualdad en el discurso de los derechos" en LÓPEZ GARCÍA, J.A. y DEL REAL ALCALÁ, A. (eds.), *Los derechos: entre la ética, el poder y el derecho*, Dykinson, Madrid, 2000, pp. 149-168.

DHANDA, A., "Legal Capacity in the Disability Rights Convention: Stranglehold of the Past or Lodestar for the Future?," *Syracuse Journal of International Law and Commerce,* vol. 34, 2006–2007, pp. 438-456.

DOYLE GUILLOUD, S., "Charting a path to the provision of non-coercive mental healthcare: the roots and branches of universal legal capacity and the support paradigm", Oñati International Institute for the Sociology of Law, 2019.

DOYLE GUILLOUD, S., "The right to liberty of persons with psychosocial disabilities at the United Nations: A tale of two interpretations", *International Journal of Law and Psychiatry*, nº 66, 2019, pp. 1-11.

ESPEJEL JORQUERA, C., "El internamiento no voluntario por razón de trastorno psíquico. Comentarios al art. 763 L.E.C", *Psicopatología Clínica, Legal y Forense*, vol. 4, 2004, pp. 47-62.

FERREIROS MARCOS, C. E., *Salud mental y derechos humanos. La cuestión del tratamiento ambulatorio involuntario,* Madrid, CERMI, 2007.

FIGUEROA SAN MARTÍN, F., "Internamientos involuntarios y tratamientos forzados en psiquiatría: Autonomía y no discriminación como estándar de derechos humanos anuario de Derechos humanos", *Anuario de Derechos Humanos,* 13, 2017, pp. 111-121.

FLYNN, E., "Disability, Deprivation of Liberty and Human Rights Norms", *International Journal of Mental Health and Capacity Law*, nº22, 2016, pp. 75-101.

FLYNN, E. y ARSTEIN-KERSLAKE, A., "State Intervention in the Lives of People with Disabilities: The Case for a Disability Neutral Framework", *International Journal of Law in Context,* vol. 13(1), 2017, pp. 39-57.

FLYNN, E., PINILLA ROCANCIO, M. y GÓMEZ-CARRILLO DE CASTRO, M., *Disability-specific forms of deprivation of liberty*, 2019, disponible en https://www.nuigalway.ie/centre-disability-law-policy/research/projects/completed/dfid/, última consulta 2 de julio de 2020.

GANZENMULLER ROIG, C. y otros, *Manual de buenas prácticas de los servicios especializados del Ministerio Fiscal en la protección las personas con discapacidad y apoyos en la aplicación de la Convención de Nueva York sobre las personas con discapacidad*, Cuadernos prácticos de la Convención de Nueva York de 13 de diciembre de 2006", Fundación Aequitas, 2010, disponible en *http://www.fiscal.es/cs/Satellite?cid=1240559967837&language=es&pagename=PFiscal%2FPage%2FFGE_buscadorDocEspecialista*, última consulta 21 de junio de 2020.

GONZÁLEZ ÁLVAREZ, O., "El tratamiento ambulatorio involuntario de los enfermos mentales. El trasfondo de un prolongado debate", *Portularia,* vol. VI, 1, 2006, pp. 121-130.

GOODING, P., *A New Era for Mental Health Law and Policy: Supported Decision-Making and the UN Convention on the Rights of Persons with Disability*, Cambridge University Press, 2017.

GOODING, P., "Navigating the "Flashing Amber Lights" of the Right to Legal Capacity in the United Nations Convention on the Rights of Persons with Disabilities: Responding to Major Concerns", *Human Rights Law Review,* vol.15(1), 2015, pp. 45-71.

GOODING, P., "Supported Decision-Making: A Rights-Based Disability Concept and its Implications for Mental Health Law", vol. 20(3), *Psychiatry, Psychology and Law*, 2013, pp. 431-451.

GOODING, P. y FLYNN, E., "Querying the Call to Introduce Mental Capacity Testing to Mental Health Law: Does the Doctrine of Necessity Provide an Alternative?", *Laws*, 4, 2015, pp. 245-271.

KANTER, A.S., *The Development of Disability Rights under International Law: From Charity to Human Rights*, Routledge, London and New York, 2014.

LAWSON, A., "The United Nations Convention on the Rights of Persons with Disabilities. New Era or False Dawn?"?", *Syracuse Journal of International Law and Commerce*, nº 34, 2007, pp. 563-619.

LORD, J.E. y STEIN, M. A., "The domestic incorporation of Humans Rights Law and the United Nations Convention on the Rights of Persons with Disabilities", *Washington Law Review,* nº 83, vol.4, 2008, pp. 449-479.

MARTÍNEZ PUJALTE, A.L., "A propósito de la reforma de la legislación española en materia de capacidad jurídica: la voluntariedad como nota esencial del apoyo", *Cuadernos Electrónicos de Filosofía del Derecho,* nº 42, 2020, pp. 240-262.

MARTÍNEZ-PUJALTE, A. L., "Derechos en conflicto, conflicto de derechos: principales fricciones entre la Convención Internacional sobre los Derechos de las Personas con Discapacidad y la legislación nacional española", en PÉREZ

BUENO, L.C. y DE LORENZO, R., *La Convención Internacional sobre los Derechos de las Personas con Discapacidad: una década de vigencia*, Madrid, CINCA, 2016, pp. 167-176.

MCSHERRY, B., "Mental Health Laws: Where to From Here?'", *Monash University Law Review*, vol. 40.1, 2014, pp. 175-197.

MEGRET, F., "The disabilities Convention: Human Rights of Persons with Disabilities or Disability Rights?", *Humans Rights Quartely,* nº 30, 2008, pp. 494-516.

MINKOWITZ, T., "Prohibition of Compulsory Mental Health Treatment and Detention Under the CRPD", 2011, disponible en https://papers.ssrn.com/sol3/papers.cfm?abstract_id=1876132, última consulta 20 de julio de 2020.

MINKOWITZ, T., "The United Nations Convention on the Rights of Persons with Disabilities and the Right to Be Free from Nonconsensual Psychiatric Interventions", *Syracuse Journal of International Law & Commerce*, nº34, 2007.

MONCRIEFF, J.M; "Freedom is more important than health': Thomas Szasz and the problem of paternalism", *International Psychiatry*, vol. 11(2), 2014, pp. 46-48.

NILSSON, A., "Objective and Reasonable? Scrutinising Compulsory Mental Health Interventions from a Non-discrimination Perspective", *Human Rights Law Review*, vol. 14(3), 2014, pp. 459-485, pp. 462 y 463.

OLIVER, M., *Understanding Disability, From theory to practice,* Palgrave, Malasia, 1996.

PALACIOS, A., "La progresiva recepción del modelo social de discapacidad en la legislación española" en PÉREZ BUENO, L. C., (dir.) y SASTRE, A., (coord.), *Hacia un Derecho de la Discapacidad, Estudios en Homenaje a Rafael de Lorenzo,* Thomson Reuters Aranzadi, Pamplona, 2009, pp. 77-114.

PALACIOS, A., *El modelo social de discapacidad: orígenes, caracterización y plasmación en la Convención Internacional sobre los derechos de las personas con discapacidad*, Colección CERMI, Ediciones Cinca, Madrid, 2008.

PALACIOS A. y BARIFFI, F., *La discapacidad como una cuestión de derechos humanos. Una aproximación a la Convención Internacional sobre los derechos de las personas con discapacidad,* Cinca, Colección Telefónica Accesible, Madrid, 2007.

PÉREZ BUENO, L.C., "La configuración jurídica de los ajustes razonables", disponible en http://www.coag.es/informacion/novedades/arquivos/la-configuracion-juridica-de-los-ajustes-razonables.pdf, última consulta 15 de julio de 2020.

PORXAS ROIG, M.A., *El dogma de las capacidades y la racionalidad. Un análisis crítico el tratamiento jurídico de las personas diagnosticadas con problemas de salud mental,* Tesis Doctoral, Universitat de Girona, 2019.

QUINN, G. y DEGENER, T., *Derechos Humanos y Discapacidad. Uso actual y posibilidades futuras de los instrumentos de derechos humanos de las Naciones Unidas en el contexto de la discapacidad*, Documento Naciones Unidas HR/PUB/02/1, Nueva York y Ginebra, 2002, disponible en: *http://www.ohchr.org/EN/HRBodies/Documents/Disability/disability_sp.doc*, última consulta 15 de julio de 2020.

RAMÍREZ RUIZ, R., "Internamiento involuntario y tratamiento ambulatorio forzoso. El supuesto de hecho del internamiento involuntario en el artículo 763 LEC 1/2000" en *X Jornadas Aequitas: Derecho y situaciones de discapacidad*, Bilbao 22-24 de febrero de 2006.

ROMEO CASABONA, C.M., *El Convenio de Derechos Humanos y biomedicina: su entrada en vigor en el ordenamiento jurídico español,* Comares, Granada, 2002.

SAN JOSÉ GIL, A., "El primer Tratado de Derechos Humanos del siglo XXI", *Revista electrónica de Estudios Internacionales*, nº13, 2007, pp. 1-26.

SANTOS MORÓN, M.J., *El supuesto de hecho del internamiento involuntario*, Valencia, Tirant Lo Blanch, 2002.

SZMUKLER, G.; DAW, R. y CALLARD, F., "Mental health law and the UN Convention on the Rights of Persons with Disabilities", *International Journal of Law and Psychiatry*, 37 (3), 2014, pp. 245-252.

2. INSTRUMENTOS NORMATIVOS

2.1. Internacionales y regionales

Recomendación 2091 (2016) The case against a Council of Europe legal instrument on involuntary measures in psychiatry, adoptada por la Asamblea Parlamentaria del Consejo de Europa, 22 de abril de 2016, disponible en http://assembly.coe.int/nw/xml/XRef/Xref-DocDetails-en.asp?FileId=22575, última consulta 2 de junio de 2020.

Resolución 2291 (2019) Ending coercion in mental health: the need for a human rights-based approach, adoptada por la Asamblea Parlamentaria del Consejo de Europa, 26 de junio de 2019, disponible en http://assembly.coe.int/nw/xml/XRef/Xref-DocDetails-en.asp?FileID=27701&lang=en, última consulta 2 de junio de 2020.

Recomendación 2158 (2019) Ending coercion in mental health: the need for a human rights-based approach, adoptada por la Asamblea Parlamentaria del Consejo de Europa, 26 de junio de 2019, disponible en http://assembly.coe.int/nw/xml/XRef/Xref-DocDetails-en.asp?FileID=27701&lang=en , última consulta 2 de junio de 2020.

Borrador del Protocolo Adicional del Convenio de Derechos Humanos y Biomedicina, (Convenio de Oviedo), adoptado por el Comité de Bioética del Consejo de Europa, 2018, disponible en https://www.coe.int/en/web/bioethics/-/frequently-asked-questions-on-draft-additional-protocol-concerning-the-protection-of-human-rights-and-dignity-of-persons-with-mental-disorder-with-reg, última consulta 2 de junio de 2020.

Convención Internacional sobre los Derechos de las Personas con Discapacidad, adoptada por la Asamblea General de Naciones Unidas, 13 de diciembre de 2006.

Recomendación R (2004) 10 sobre la protección de los derechos humanos y la dignidad de las personas con trastornos mentales, adoptada por el Comité de Ministros del Consejo de Europa, 22 de septiembre de 2004.

Convenio de Derechos Humanos y Biomedicina adoptado por el Consejo de Europa, 4 de abril de 1997.

Principios de protección de los enfermos mentales y el mejoramiento de la atención de la salud mental, adoptados por la Asamblea General de Naciones Unidas, 17 de diciembre de 1991.

Pacto Internacional de Derechos Civiles y Políticos, adoptado por la Asamblea General en su resolución 2200 A (XXI) de 16 de diciembre de 1966.

Convención Europea de Derechos Humanos, adoptada por el Consejo de Europa, 4 de noviembre de 1950.

Declaración Universal de los Derechos Humanos, adoptada por la Asamblea General de las Naciones Unidas, 10 de diciembre de 1945.

2.2. Nacionales

Circular 2 /2017 de la Fiscalía General del Estado sobre el ingreso no voluntario urgente por razón de trastorno psíquico en centros residenciales para personas mayores.

Ley Orgánica 8/2015, de 22 de julio, de modificación del sistema de protección a la infancia y a la adolescencia.

Ley 41/2002, de 14 de noviembre, básica reguladora de la Autonomía del Paciente.

Ley 1/2000, de 7 de enero de Enjuiciamiento Civil.

Ley Orgánica 1/1996 de 15 de enero de Protección Jurídica del Menor, de modificación parcial del Código Civil y de la Ley *de Enjuiciamiento Civil.*

Consulta 2/1993 de 15 de junio de la Fiscalía General del Estado sobre el art. 211 del Código civil.

Instrucción 3/1990 de 7 de mayo de la Fiscalía General del Estado sobre régimen jurídico que debe de regir para el ingreso de personas en residencias de la tercera edad.

Ley Orgánica 3/1986 de 14 de abril de Medidas Especiales en Materia de Salud Pública.

Ley 13/1983, de 24 de octubre de reforma del Código civil en materia de tutela

Constitución Española de 1978.

Real Decreto de 3 de julio de 1931. Código civil.

3. JURISPRUDENCIA

3.1. Naciones Unidas

Comité de Derechos Humanos, *A. v. New Zealand* (*Comunicación Nº. 754/97*).

Comité de Derechos Humanos, *Fijalkowska v. Poland* (*Comunicación Nº 1061/2002*).

Grupo de Trabajo sobre Detención Arbitraria, *Mr.N. v Japon*, (*Opinión Nº. 8/2018*, A/HRC/WGAD/2018/8).

3.2. Tribunal Europeo de Derechos Humanos

Sentencia del Tribunal Europeo de Derechos Humanos, *Rooman v. Belgium*, de 31 de enero de 2019.

Sentencia del Tribunal Europeo de Derechos Humanos, *Ilnseher v. Germany,* de 4 de diciembre de 2018.

Sentencia del Tribunal Europeo de Derechos Humanos, *Kadusic v. Switzerland*, de 9 de enero de 2018.

Sentencia del Tribunal Europeo de Derechos Humanos, *V.K. v. Russia*, de 18 de septiembre de 2017

Sentencia del Tribunal Europeo de Derechos Humanos, *N. v. Romania*, de 28 de noviembre de 2017.

Sentencia del Tribunal Europeo de Derechos Humanos, *Stefan Stankov v. Bulgaria*, de 17 de marzo de 2015.

Sentencia del Tribunal Europeo de Derechos Humanos, *M.S. v. Croatia,* de 19 de febrero de 2015.

Sentencia del Tribunal Europeo de Derechos Humanos, *Glien v. Germany,* de 28 de noviembre de 2013.

Sentencia del Tribunal Europeo de Derechos Humanos, *X. v. Finland*, de 3 de julio de 2012.

Sentencia del Tribunal Europeo de Derechos Humanos, *D.D. v. Lithuania,* de 14 de febrero de 2012.

Sentencia del Tribunal Europeo de Derechos Humanos, *Plesó v Hungary App* de 17 de enero de 2012.

Sentencia del Tribunal Europeo de Derechos Humanos, *O.H. v. Germany*, de 24 de noviembre de 2011.

Sentencia del Tribunal Europeo de Derechos Humanos, *H L. v. United Kingdom,* de 5 de octubre de 2004.

Sentencia del Tribunal Europeo de Derechos Humanos, *Rakevich v. Russia*, de 28 de octubre de 2003.

Sentencia del Tribunal Europeo de Derechos Humanos, *Poltoratski v. Ukraine*, de 23 de abril de 2003.

Sentencia del Tribunal Europeo de Derechos Humanos, *Hutchison Reid v. the United Kingdom*, de 20 de mayo de 2003.

Sentencia del Tribunal Europeo de Derechos Humanos, *Kudl v. Poland,* de 26 de octubre de 2000.

Sentencia del Tribunal Europeo de Derechos Humanos, *Aerts v. Belgium,* de 30 de julio de 1998.

Sentencia del Tribunal Europeo de Derechos Humanos, *Herczegfalvy v. Austria*, de 24 de septiembre de 1992.

Sentencia del Tribunal Europeo de Derechos Humanos, *Megyeri v. Germany,* de 12 de mayo de 1992.

Sentencia del Tribunal Europeo de Derechos Humanos, *Guzzardi v. Italia* de 6 de noviembre de 1980.

3.3. Tribunales nacionales

Sentencia del Tribunal Constitucional 132/2016 de 18 de julio.

Sentencia del Tribunal Constitucional 50/2016 de 14 de marzo.

Sentencia del Tribunal Constitucional 22/2016 de 29 de febrero.

Sentencia del Tribunal Constitucional 13/2016 de 1 de febrero.

Sentencia del Tribunal Constitucional 182/2015 de 7 de septiembre.

Sentencia del Tribunal Constitucional 141/2012 de 2 de julio.

Sentencia del Tribunal Constitucional 132/2010 de 2 de diciembre.

Sentencia del Tribunal Constitucional 129/1999 de 21 de julio.

Sentencia del Tribunal Superior de Justicia de Madrid 48/2001.

Auto de la Audiencia Provincial de Barcelona de 5 de febrero de 1999.

Auto de la Audiencia Provincial de Barcelona de 10 de febrero de 1998.

4. OBSERVACIONES, INFORMES, COMENTARIOS DE ORGANISMOS INTERNACIONALES Y NACIONALES

4.1. Naciones Unidas

Alto Comisionado para los Derechos Humanos de Naciones Unidas

Alto Comisionado para los Derechos Humanos de Naciones Unidas, *Informe Salud mental y derechos humanos*, 2017, A/HRC/34/32, disponible en https://ap.ohchr.org/documents/dpage_s.aspx?si=A/HRC/34/32, última consulta 31 de julio de 2020.

Oficina del Alto Comisionado de las Naciones Unidas para los Derechos Humanos, *Derecho de acceso a la justicia en virtud del artículo 13 de la Convención sobre los Derechos de las Personas con Discapacidad*, A/HRC/37/25, 2017, disponible en http://undocs.org/es/A/HRC/37/25, última consulta 20 de julio de 2020.

Oficina del Alto Comisionado de las Naciones Unidas para los Derechos Humanos, *International standards on the right to liberty and security of persons with disabilities*, *Background Note,* 2015, disponible en https://www.ohchr.org/EN/Issues/Disability/Pages/deprivationofliberty.aspx, última consulta 31 de julio de 2020.

Oficina del Alto Comisionado de las Naciones Unidas para los Derechos Humanos, *Estudio temático para mejorar el conocimiento y la comprensión de la Convención sobre los derechos de las personas con discapacidad*, A/HRC/10/48, 2009, disponible en http://www2.ohchr.org/english/bodies/hrcouncil/docs/10session/A.HRC.10.48.pdf, última consulta 7 de julio de 2020.

Comités de Tratados

Comité contra la Tortura, *Observaciones finales sobre el tercer informe periódico de la República de Moldova*, CAT/C/MDA/CO/3. 2017.

Comité contra la Tortura, *Observaciones finales sobre el tercer informe periódico de Lituania*, CAT/C/LTU/CO/3*, 2014.

Comité contra la Tortura, *Observaciones finales sobre los informes periódicos sexto y séptimo de Suecia*, CAT/C/SWE/CO/6-7,2014.

Comité contra la Tortura, *Observaciones finales sobre los informes periódicos cuarto y quinto combinados de Croacia*, CAT/C/HRV/CO/4-5, 2014.

Comité contra la Tortura, *Observaciones finales sobre los informes periódicos tercero a quinto combinados de los Estados Unidos de América*, CAT/C/USA/CO/3-5, 2014.

Comité contra la Tortura, *Observaciones finales sobre los informes periódicos quinto y sexto combinados de los Países Bajos*, CAT/C/NLD/CO/5-6, 2013.

Comité de Derechos Económicos, Sociales y Culturales, *Observaciones finales sobre el quinto informe periódico de Australia,* E/C.12/AUS/CO/5, 2017.

Comité de Derechos Económicos, Sociales y Culturales, *Examen de los informes presentados por los Estados partes de conformidad con los artículos 16 y 17 del Pacto, República de Moldova*, E/C.12/MDA/CO/2, 2011.

Comité de Derechos Humanos, *Comentario General Nº35*, CCPR /C/GC/35, 2014.

Comité de Derechos Humanos, *Observación General Nº 8,* HRI/GEN/1/Rev.7, 1982.

Comité para la Eliminación de toda las Formas de Discriminación contra la Mujer, *Observaciones Finales del cuarto y quinto informe periódico de India*, CEDAW/C/IND/ CO/4–5, 2015

Comité para la Eliminación de toda las Formas de Discriminación contra la Mujer, *Observaciones Finales del cuarto y quinto informe periódico de la República de Moldavia*, CEDAW/C/MDA/CO/4-5, 2013.

Comité para la Eliminación de toda las Formas de Discriminación contra la Mujer, *Observaciones Finales del quinto informe periódico de Kuwait,* CEDAW/C/KWT/CO/5, 2017.

Comité sobre los Derechos de las Personas con Discapacidad, *Observaciones finales sobre los informes periódicos segundo y tercero combinados de España,* CRPD/C/ESP/CO/2-3, 2019.

Comité sobre los Derechos de las Personas con Discapacidad, *Statement by the Committee on the Rights of Persons with Disabilities calling States parties to oppose the draft Additional Protocol to the Oviedo Convention*, 2018, disponible en https://www.coe.int/en/web/bioethics/-/frequently-asked-questions-on-draft-additional-protocol-concerning-the-protection-of-human-rights-and-dignity-of-persons-with-mental-disorder-with-reg,última consulta 2 de junio de 2020.

Comité sobre los Derechos de las Personas con Discapacidad, *Observación General Nº. 6. Artículo 5. Igualdad y No discriminación,* CRPD/C/GC/6, 2018, disponible en https://tbinternet.ohchr.org/_layouts/treatybodyexternal/Download.aspx?symbolno=CRPD/C/GC/6&Lang=en, última consulta 15 de julio de 2020.

Comité sobre los Derechos de las Personas con Discapacidad, *Observación General Nº 5: Artículo 19. Derecho a vivir de forma independiente y a ser incluido en la comunidad,* CRPD/C/GC, 2017, disponible en https://tbinternet.ohchr.org/_layouts/treatybodyexternal/Download.asx?symbolno=CRPD/C/GC/5&Lang=en, última consulta 15 de julio de 2020.

Comité sobre los Derechos de las Personas con Discapacidad, *Directrices sobre el derecho a la libertad y la seguridad de las personas con discapacidad,* 2015, disponible en junior http://www.ohchr.org/Documents/HRBodies/CRPD/GC/GuidelinesArticle14.doc, última consulta 30 de julio 2020.

Comité sobre los Derechos de las Personas con Discapacidad, *Observaciones finales sobre el informe inicial de Turkmenistan*, CRPD/C/TKM/CO/1, 2015.

Comité sobre los Derechos de las Personas con Discapacidad, *Observaciones finales sobre el informe inicial de Croacia*, CRPD/C/HRV/CO/1, 2015.

Comité sobre los Derechos de las Personas con Discapacidad, *Observaciones finales sobre el informe inicial de las Islas Cook*, CRPD/C/COK/CO/1, 2015.

Comité sobre los Derechos de las Personas con Discapacidad, *Observaciones finales sobre el informe inicial de Ucrania*, CRPD/C/UKR/CO/1, 2015.

Comité sobre los Derechos de las Personas con Discapacidad, *Observaciones finales sobre el informe inicial de Qatar*, CRPD/C/QAT/CO/1, 2015.

Comité sobre los Derechos de las Personas con Discapacidad, *Observaciones finales sobre el informe inicial de Mauricio*, CRPD/C/MUS/CO/1, 2015.

Comité sobre los Derechos de las Personas con Discapacidad, *Observaciones finales sobre el informe inicial de Kenya*, CRPD/C/KEN/CO/1, 2015.

Comité sobre los Derechos de las Personas con Discapacidad, *Observaciones finales sobre el informe inicial del Gabón*, CRPD/C/GAB/CO/1, 2015.

Comité sobre los Derechos de las Personas con Discapacidad, *Observaciones finales sobre el informe inicial de Brasil*, CRPD/C/BRA/CO/1, 2015.

Comité sobre los Derechos de las Personas con Discapacidad, *Observaciones finales sobre el informe inicial de República Dominicana*, CRPD/C/DOM/CO/1, 2015.

Comité sobre los Derechos de las Personas con Discapacidad, *Observación General Nº. 1: Artículo 12, Igual reconocimiento como persona ante la ley,* CRPD/C/GC/1, 2014, disponible en http://www.ohchr.org/EN/HRBodies/CRPD/Pages/GC.aspx, última consulta 15 de julio de 2020.

Comité sobre los Derechos de las Personas con Discapacidad, *Observación General Nº 2 Artículo 9. Accesibilidad,* CRPD /C/GC/, 2014, disponible en https://tbinternet.ohchr.org/_layouts/treatybodyexternal/Download.aspx?symbolno=CRPD/C/GC/2&Lang=en, última consulta 15 de julio de 2020.

Comité sobre los Derechos de las Personas con Discapacidad, *Statement on Article 14 of the Convention on the Rights of Persons with Disabilities*, 2014, disponible en https://www.ohchr.org/EN/NewsEvents/Pages/DisplayNews.aspx?NewsID=15183, último acceso 15 de julio de 2020.

Comité sobre los Derechos de las Personas con Discapacidad, *Observaciones finales sobre el informe inicial de Suecia*, CRPD/C/SWE/CO/1, 2014.

Comité sobre los Derechos de las Personas con Discapacidad, *Observaciones finales sobre el informe inicial de Azerbaiyán* ,CRPD/C/AZE/CO/1, 2014.

Comité sobre los Derechos de las Personas con Discapacidad, *Observaciones finales sobre el informe inicial de Nueva Zelanda,* CRPD/C/NZL/CO/1, 2014.

Comité sobre los Derechos de las Personas con Discapacidad, *Observaciones finales sobre el informe inicial de México*, CRPD/C/MEX/CO/1, 2014.

Comité sobre los Derechos de las Personas con Discapacidad, *Observaciones finales sobre el informe inicial de la República de Korea,* CRPD/C/KOR/CO/1, 2014.

Comité sobre los Derechos de las Personas con Discapacidad, *Observaciones finales sobre el informe inicial de Dinamarca,* CRPD/C/DNK/CO/1, 2014.

Comité sobre los Derechos de las Personas con Discapacidad, *Observaciones finales sobre el informe inicial de Bélgica,* CRPD/C/BEL/CO/1, 2014.

Comité sobre los Derechos de las Personas con Discapacidad, *Observaciones finales sobre el informe inicial de Paraguay,* CRPD/C/PRY/CO/1, 2013.

Comité sobre los Derechos de las Personas con Discapacidad, *Observaciones finales sobre el informe inicial de El Salvador*, CRPD/C/SLV/CO/1, 2013.

Comité sobre los Derechos de las Personas con Discapacidad, *Observaciones finales sobre el informe inicial de Austria,* CRPD/C/AUT/CO/1, 2013.

Comité sobre los Derechos de las Personas con Discapacidad, *Observaciones Finales sobre Perú* CRPD/C/PER/CO/1, 2012.

Comité sobre los Derechos de las Personas con Discapacidad, *Observaciones finales sobre el informe inicial de Hungría*, CRPD/C/HUN/CO/1, 2012.

Comité sobre los Derechos de las Personas con Discapacidad, *Observaciones finales sobre el informe inicial de China,* CRPD/C/CHN/CO/1, 2012.

Comité sobre los Derechos de las Personas con Discapacidad, *Observaciones Finales sobre Túnez,* CRPD/C/TUN/CO/1, 2011.

Comité sobre los Derechos de las Personas con Discapacidad, *Observaciones Finales sobre España,* CRPD/C/ESP/CO/1, 2011.

Comité sobre los Derechos de las Personas con Discapacidad, *Directrices relativas al documento específico sobre la Convención que deben presentar los Estados partes con arreglo al párrafo 1 del artículo 35 de la Convención sobre los derechos de las personas con discapacidad,* CRPD/C/2/3, 2009, disponible en https://tbinternet.ohchr.org/_layouts/15/treatybodyexternal/Download.aspx?symbolno=CRPD/C/2/3&Lang=en, última consulta 30 de julio de 2020.

Subcomité para la prevención de la tortura, *Approach of the Subcommittee on Prevention of Torture and Other Cruel, Inhuman or Degrading Treatment or Punishment regarding the rights of persons institutionalized and treated medically without informed consent*, 2016, CAT/OP/27/2.

Procedimientos especiales

Grupo de Trabajo sobre la Detención Arbitraria, Presidente del Comité sobre los Derechos de las Personas con Discapacidad, Relatora especial sobre los Derechos de las Personas con Discapacidad, Relator especial sobre el derecho de toda persona al disfrute del más alto nivel posible de salud física y mental, *Letter to the Council of Europe Secretary General on the draft additional protocol to the Oviedo Convention from mandates of the Working Group on Arbitrary Detention; the Chair of the Committee on the Rights of Person with Disabilities; the Special Rapporteur on the rights of persons with disabilities and the Special Rapporteur on the right of everyone to theenjoyment of the highest attainable standard of physical and mental health*, 2017, disponible en https://www.coe.int/en/web/bioethics/-/frequently-asked-questions-on-draft-additional-protocol-concerning-the-protection-of-human-rights-and-dignity-of-persons-with-mental-disorder-with-reg, última consulta 2 de junio de 2020.

Grupo de Trabajo sobre la Detención Arbitraria, *Basic Principles and Guidelines on Remedies and Procedures on the Right of Anyone Deprived of His or Her Liberty by Arrest or Detention to Bring Proceedings Before Court*, 2015, A/HRC/30/37, disponible en https://www.ohchr.org/EN/Issues/Detention/Pages/DraftBasicPrinciples.aspx, última consulta 20 de julio de 2020.

Relator Especial sobre la tortura, *Informe del Relator Especial* , A/HRC/40/59, 2019.

Relator Especial sobre la tortura, *Informe del Relator Especial sobre la tortura y otros tratos o penas crueles, inhumanos o degradantes*, A/HRC/22/53, 2013.

Relator Especial sobre la tortura, *Informe provisional,* A/63/175, 2008.

Relatora Especial sobre los derechos de las personas con discapacidad, *Informe de la Relatora Especial sobre los derechos de las personas con discapacidad,* A/HRC/40/54, 2019.

Relatora Especial sobre los derechos de las personas con discapacidad, *Informe de la Relatora Especial sobre los derechos de las personas con discapacidad,* A/73/161, 2018.

Relatora Especial sobre los derechos de las personas con discapacidad, *Informe de la Relatora Especial sobre los derechos de las personas con discapacidad,* A/HRC/37/56, 2017.

Relator Especial sobre los derechos de las personas con discapacidad, *Urgent Request to Amend the Human Rights Committee's Draft Version of General Comment No. 35 (CCPR/C/107/R.3) on Article 9 (Right to Liberty and Security of Person) Bringing it in Line with the UN Convention on the Rights of Persons with Disabilities,*" 2014, disponible en http://www.ohchr.org/Documents/HRBodies/CCPR/GConArticle9/Submissions/SRDisability.doc.

Relator Especial sobre el derecho de toda persona al más alto nivel posible de salud física y mental, *Informe del Relator Especial sobre el derecho de toda persona al disfrute del más alto nivel posible de salud física y mental,* A/HRC/35/21, 2017.

Relator Especial sobre el derecho de toda persona al disfrute del más alto nivel posible de salud física y mental, *Informe del Relator Especial sobre el derecho de toda persona al disfrute del más alto nivel posible de salud física y mental,* A/64/272, 2009.

Otros

World Health Organization, *Quality Rights guidance and training tools,* disponible en www.who.int/mental_health/policy/quality_rights/en.

4.2. Consejo de Europa

Comité de Asuntos Sociales, Salud y Desarrollo Sostenible de la Asamblea Parlamentaria del Consejo de Europa, *Comments on the draft Additional Protocol to the Oviedo Convention, concerning the protection of human rights and dignity of persons with mental disorder with regard to involuntary placement and involuntary treatment,* 2018, Disponible en http://assembly.coe.int/nw/xml/XRef/Xref-XML2HTML-en.asp?fileid=27701&lang=en, última consulta 2 de junio de 2020.

Comité de Bioética del Consejo de Europa, *Draft Additional Protocol concerning the protection of human rights and dignity of persons with mental disorder with regard to involuntary placement and involuntary treatment. Frequently asked questions*, DH-BIO/INF (2018) 10, 9 de enero de 2019, disponible en https://rm.coe.int/inf-2018-10-psy-frequent-questions-e/1680925d19, última consulta 2 de junio de 2020.

Comité de Bioética del Consejo de Europa, *Draft Explanatory Report on the Draft Additional Protocol concerning the protection of human rights and dignity of persons with mental disorder with regard to involuntary placement and involuntary treatment*, 2018, disponible en https://www.coe.int/en/web/bioethics/-/frequently-asked-questions-on-draft-additional-protocol-concerning-the-protection-of-human-rights-and-dignity-of-persons-with-mental-disorder-with-reg, última consulta 2 de junio de 2020.

Comité de Ministros del Consejo de Europa, "Ending coercion in mental health: the need of a human rights approach", Parliamentary Assembly Recommendation 2158 (2019), Reply of the Committee of Minister, 2020, disponible en https://search.coe.int/cm/Pages/result_details.aspx?ObjectId=09000016809c57ea, última consulta 2 de junio de 2020.

Comité de Ministros del Consejo de Europa, "The case against a Council of Europe legal instrument on involuntary measures in psychiatry", Parliamentary Assembly Recommendation 2091 (2016), Reply of the Committee of Minister, 2016, disponible en https://search.coe.int/cm/Pages/result_details.aspx?ObjectId=09000016806b8195#_ftn2, última consulta 2 de junio de 2020.

Comisaria Europea de Derechos Humanos, *Comments of the Council of Europe Commissioner for Human Rights on the raft Additional Protocol to the Convention on Human Rights and Biomedicine concerning the Protection of Human Rights and Dignity of Persons with Mental Disorder with regard to Involuntary Placement and Involuntary Treatment,* 2018, disponible en https://rm.coe.int/comments-by-dunja-mijatovic-council-of-europe-commissioner-for-human-r/16808f1111, última consulta 2 de junio de 2020.

Comisario Europeo de Derechos Humanos, *Comments of the Council of Europe Commissioner for Human Rights on the Working document concerning the protection of human rights and dignity of persons with mental disorder with regard to involuntary placement and involuntary treatment*, 2015, disponible en https://rm.coe.int/comments-of-the-council-of-europe-commissioner-for-human-rights-on-the/16806da561, última consulta 2 de junio de 2020.

4.3. España

Comité Bioètica de Catalunya, *Informe respecte del "Protocol Addicional al Conveni d'Oviedo sobre Drets Humans i Biomedicina sobre la protecció dels drets humans i la dignitat de les persones amb trastorns mentals respecte a ingressos i tractaments involuntaris" que proposa el Comitè de Bioètica del Consell d'Europa*, 2018, disponible en https://canalsalut.gencat.cat/web/.content/_Sistema_de_salut/CBC/recursos/novetats/arxius/protocol_cbc_consell_europa.pdf, última consulta 2 de julio de 2020.

Comité de Bioética de España, *Informe del Comité de Bioética de España valorando el borrador de Protocolo Adicional al Convenio de Oviedo sobre Derechos Humanos y Biomedicina sobre la protección de los derechos humanos y la dignidad de las personas con trastornos mentales respecto a ingresos y tratamientos involuntarios,* 2018, disponible en http://assets.comitedebioetica.es/files/documentacion/Informe%20valorando%20el%20Borrador%20del%20Protocolo%20Adicional%20respecto%20a%20ingresos%20y%20tratamientos%20involuntarios.pdf, última consulta 2 de junio de 2020.

Comité de Bioética de España, *Informe del Comité de Bioética de España sobre la necesidad de adaptar la legislación española a la Convención de Derechos de las Personas con Discapacidad,* 2017, disponible en http://assets.comitedebioetica.es/files/documentacion/es/informe_final_CDPD.pdf , última consulta 21 de junio de 2020.

Comité de Bioética de España, *Informe del Comité de Bioética de España, Consideraciones éticas y jurídicas sobre el uso de contenciones mecánicas y farmacológicas en los ámbitos social y sanitario*, 2016, http://assets.comitedebioetica.es/files/documentacion/Informe%20Contenciones-CBE.pdf, última consulta 21 de junio de 2020.

Defensor del Pueblo, *La situación jurídica y asistencial del enfermo mental en España,* 1991, disponible en https://www.defensordelpueblo.es/wp-content/uploads/2015/09/Situaci%C3%B3n-jur%C3%ADdica-y-asistencial-del-enfermo-mental-en-Espa%C3%B1.pdf, última consulta 2 de junio 2020.

Real Patronato sobre Discapacidad, *Propuesta articulada de reforma del Código Civil y de la Ley de Enjuiciamiento Civil para su adecuación al artículo 12 de la Convención Internacional de los Derechos de las Personas con Discapacidad*, 2013, disponible en w https://www.notariosyregistradores.com/AULASOCIAL/2013-reforma-aequitas.htm, última consulta 21 de julio de 2020.

5. INFORMES, POSICIONAMIENTOS DE ASOCIACIONES Y ORGANIZACIONES

Asociación Española de Neuropsiquiatría-Profesionales de la Salud Mental, Confederación Salud Mental España, En Primera Persona, Federación Andaluza de Asociaciones de Salud Mental en Primera Persona y Federación VEUS-Federació Catalana d'Entitats de Salut Mental en Primera Persona, *Posicionamiento sobre el "Protocolo Adicional al Convenio de Oviedo sobre Derechos Humanos y Biomedicina sobre la protección de los derechos humanos y la dignidad de las personas con trastornos mentales respecto a ingresos y tratamiento involuntarios" elaborado por el Comité de Bioética del Consejo de Europa*, 2017, disponible en https://aen.es/posicionamiento-sobre-el-protocolo-adicional-al-convenio-de-oviedo/, última consulta 2 de julio de 2020.

Asociación Española de Neuropsiquiatría, "Propuesta de regulación de los ingresos involuntarios. A propósito de la declaración de inconstitucionalidad del Artículo 763-1 de la Ley de Enjuiciamiento Civil en virtud de sentencia del Tribunal Constitucional Nº 132/2010 de 2 de diciembre", *Rev. Asoc. Esp. Neuropsiq.*; vol. 32 (114), 2012, 429-434.

Asociación Española de Neuropsiquiatría, Federación en Primera Persona, Veus y Confederación Salud Mental España, *Manifiesto de Cartagena. Por unos servicios de salud mental respetuosos con los derechos humanos y libres de coerción,* disponible en https://amsm.es/2016/07/04/manifiesto-de-cartagena-por-unos-servicios-de-salud-mental-respetuosos-con-los-derechos-humanos-y-libres-de-coercion/, 2016, última consulta 21 de junio de 2020.

CERMI, *Derechos humanos y discapacidad. Informe España 2012*, disponible en http://blog.educalab.es/cniie/wp content/uploads/sites/3/2013/09/INFORME_DDHH_DISCAPACIDAD_ESPANA_2012.pdf, última consulta 21 de junio 2020.

CERMI, *Derechos Humanos y Discapacidad. Informe España 2010*, disponible en http://www.convenciondiscapacidad.es/ColeccionONU_new/Derecho%20Humanos%20y%20Discapacidad%205.pdf, última consulta 21 de junio de 2020.

European Network of (ex) User and Survivors of Psychiatry, Austim Europe, Inclusion Europe, Mental Health Europe e International Disability Alliance, *Open letter to the Council of Europe's Secretary General regarding the draft additional protocol to the Oviedo Convention,* 2018, disponible en http://www.edf-feph.org/newsroom/news/disability-organisations-urge-council-europe-withdraw-addition-protocol-oviedo, última consulta 2 de junio de 2020.

Instituto de Derechos Humanos "Bartolomé de las Casas", *Capacidad jurídica y discapacidad, Informe Consolider-Ingenio 2010*, nº 23, 2012, disponible en http://e-archivo.uc3m.es/handle/10016/14183?locale-attribute=en, última consulta 21 de julio de 2020.

6. OTROS

Agencia de la Unión Europea para los Derechos Fundamentales, *Involuntary placement and involuntary treatment of persons with mental health problems*, Viena, 2012, disponible en https://fra.europa.eu/sites/default/files/involuntary-placement-and-involuntary-treatment-of-persons-with-mental-health-problems_en.pdf, última consulta 12 de julio de 2020.

Tribunal Europeo de Derechos Humanos, *Guide on Article 5 of the European Convention on Human Rights*, 2019, disponible en https://www.echr.coe.int/documents/guide_art_5_eng.pdf, última consulta 30 de julio de 2020.

CUADERNOS "BARTOLOMÉ DE LAS CASAS"

NÚMEROS PUBLICADOS

1. EL DISCURSO DE LOS DERECHOS. Del problema terminológico al debate conceptual, *por M.ª del Carmen Barranco Avilés.*
2. PODER, ORDENAMIENTO JURÍDICO, DERECHOS, *por Francisco Javier Ansuátegui Roig.*
3. EL DEBATE SOBRE EL CONTROL DE CONSTITUCIONALIDAD EN LOS ESTADOS UNIDOS. Una polémica sobre la interpretación constitucional, *por Javier Dorado Porras.*
4. ENTRE LA RAZÓN DE ESTADO Y EL ESTADO DE DERECHO: La racionalidad política, *por Eusebio Fernández García.*
5. LA INTERVENCIÓN JURÍDICA DE LA ACTIVIDAD MÉDICA: El consentimiento informado, *por Ángel Pelayo González-Torre.*
6. LOS DERECHOS HUMANOS: DESDE LA PERSPECTIVA SOCIOLÓGICO-JURÍDICA A LA «ACTITUD POSTMODERNA», *por María José Fariñas Dulce.*
7. LEY, PRINCIPIOS, DERECHOS, *por Luis Prieto Sanchís.*
8. OTRO ESTUDIO MAS DEL ABORTO. LA INDICACIÓN EUGENÉSICA Y SU FUNDAMENTACIÓN, *por Fernando Reviriego Picón.*
9. EN TORNO AL ORIGEN DEL CONCEPTO MODERNO DE SOCIEDAD CIVIL (Locke, Ferguson y Hegel), *por María Isabel Wences Simon.*
10. FUNDAMENTOS PARA EL RECONOCIMIENTO JURÍDICO DE LAS UNIONES HOMOSEXUALES PROPUESTAS DE REGULACIÓN EN ESPAÑA, *por Pedro A. Talavera Fernández.*
11. DERECHOS SOCIALES Y POSITIVISMO JURÍDICO. Escritos de Filosofía Jurídica y Política, *por Gregorio Peces-Barba Martínez.*
12. DERECHOS LINGÜÍSTICOS Y DERECHO INTERNACIONAL, *por Carlos R. Fernández Liesa.*
13. RELIGIÓN Y POLÍTICA EN EL REINO UNIDO EN EL SIGLO XVIII, *por Óscar Celador Angón.*
14. SOBRE LA DEMOCRACIA DE JEAN-JACQUES ROUSSEAU, *por José Manuel Rodríguez Uribes.*

15 ARGUMENTACIÓN JURÍDICA Y RACIONALIDAD EN A. AARNIO, *por José Manuel Cabra Apalategui.*

16 GLOBALIZACIÓN, CIUDADANÍA Y DERECHOS HUMANOS, *por María José Fariñas Dulce.*

17 SOBRE EL CONCEPTO Y EL FUNDAMENTO DE LOS DERECHOS: Una aproximación dualista, *por Rafael de Asís.*

18 HEREJÍA Y TRAICIÓN: Las doctrinas de la persecución religiosa en el siglo XVI, *por Diego Blázquez Martín.*

19 CUOTA DE MUJERES Y RÉGIMEN ELECTORAL, *por Elviro Aranda Álvarez.*

20 MATERIALES PARA UNA REFLEXIÓN SOBRE LOS DERECHOS CO-LECTIVOS, *por Andrés García Inda.*

21 DIGNIDAD HUMANA Y CIUDADANA COSMOPOLITA, *por Eusebio Fernández García.*

22 ¿GUERRAS EN DEFENSA DE LOS DERECHOS HUMANOS?, *por Federico Arcos Ramírez.*

23 SISTEMAS JURÍDICOS Y CONFLICTOS NORMATIVOS, *por Mario Ruiz Sanz.*

24 LA RESPONSABILIDAD INTERNACIONAL DE NACIONES UNIDAS, *por Félix Vacas Fernández.*

25 EL HUMANISMO COSMOPOLITA EN IMMANUEL KANT, *por Fernando H. Llano.*

26 LADIGNIDADDELAPERSONADESDELAFILOSOFÍADELDERECHO, *por Gregorio Peces-Barba Martínez.*

27 EL DERECHO A LA EDUCACIÓN Y LA LIBERTAD DE ENSEÑANZA, *por José Martínez de Pisón.*

28 INEFICACIA, ANOMIA Y FUENTES DEL DERECHO, *por Mª José González Ordovás.*

29 EL IMPERIO DE LA INTERPRETACIÓN. Los fundamentos hermenéuticos de la teoría de Dworkin, *por Pablo Raúl Bonorino.*

30 LA GLOBALIZACIÓN ILUSTRADA. Ciudadanía, derechos humanos y constitucionalismo, *por Alfonso de Julios-Campuzano.*

31 TEORÍA DE LA CONSTITUCIÓN, *por José Joaquim Gomes Canotilho.*

32 LOS PRINCIPIOS EN EL DERECHO Y LA DOGMÁTICA PENAL, *por Olga Sánchez Martínez.*

33 IUSNATURALISMO Y POSITIVISMO JURÍDICO: Una revisión de los argumentos en defensa del iuspositivismo, *por Javier Dorado Porras.*

34 DIMENSIONES DE LA IGUALDAD, *por Antonio Enrique Pérez Luño.*

35 LA POLÉMICA LIBERAL COMUNITARISTA: Paisajes después de la batalla, *por Oscar Pérez de la Fuente.*

36 ESTUDIOS SOBRE LA LEY INTEGRAL CONTRA LA VIOLENCIA DE GÉNERO, *por Elviro Aranda (dir.).*

37 EL CONTROL CONSTITUCIONAL DE LA REFORMA A LA CONSTITUCIÓN *por Roberto Rodríguez Gaona.*

38 LOS ORÍGENES DEL REPUBLICANISMO CLÁSICO: Patrios Politeia y Res Publica, *por Ramón Ruiz Ruiz.*

39 FUNCIÓN SOCIAL DE LA PROPIEDAD Y LATIFUNDIOS OCUPADOS. LOS SIN TIERRA DE BRASIL, *por Mario G. Losano.*

40 LOS DERECHOS DE LAS PERSONAS MAYORES. Perspectivas sociales, jurídicas, políticas y filosóficas, *por Diego Blázquez Martín.*

41 LA NEGACIÓN DE LOS DERECHOS DE LOS NIÑOS EN PLATÓN Y ARISTÓTELES, *por Ignacio Campoy Cervera.*

42 SOBRE LA ACCESIBILIDAD UNIVERSAL EN EL DERECHO, *por VV.AA.*

43 DERECHOS HUMANOS Y SITUACIONES DE DEPENDENCIA, *por Rafael de Asis y Agustina Palacios.*

44 EL POR QUÉ Y EL PARA QUÉ DE LAS PENAS, *por Abraham Castro Moreno.*

45 VALORES CONSTITUCIONALES Y DERECHO, *por Eusebio Fernández García.*

46 EL DERECHO DE SUFRAGIO DE LOS EXTRANJEROS, *por Antonio Ibáñez Macías.*

47 DIVERSIDAD DE SITUACIONES Y UNIVERSALIDAD DE LOS DERECHOS, *por Mª del Carmen Barranco Avilés.*

48 LA LEY ORGÁNICA 2/2010, DE 3 DE MARZO DE SALUD SEXUAL Y REPRODUCTIVA E INTERRUPCIÓN VOLUNTARIA DEL EMBARAZO: Trabajos parlamentarios, *por Magdalena Lorenzo Rodríguez-Armas.*

49 EL RECONOCIMIENTO DEL DERECHO AL SUFRAGIO DE LOS EXTRANJEROS EN ESPAÑA: UN ANÁLISIS DESDE EL DERECHO INTERNACIONAL, *por Félix Vacas Fernández.*

50 SOLIDARIDAD Y DERECHOS HUMANOS EN TIEMPOS DE CRISIS, *por Mario G. Losano (Ed.).*

51 EL CRIMEN DE AGRESIÓN DESPUÉS DE KAMPALA, *por Kai Ambos.*

52 MARXISMO, DEMOCRACIA Y DERECHOS HUMANOS, *por Eusebio Fernández García.*

53 APOGEO Y CRISIS DE LA CIUDADANÍA DE LA SALUD. Historia del derecho a la salud en el siglo XX, *por Carlos Lema Añón.*

54 PERSPECTIVAS SOBRE FEMINISMO Y DERECHO, *por VV.AA.*

55 EL DISCURSO DE LA DIGNITAS HOMINIS EN EL HUMANISMO DEL RENACIMIENTO, *por Antonio Pele.*

56 LA CUSTODIA COMPARTIDA A DEBATE, *por Teresa Picontó (Editora).*

57 HACIA UN CONCEPTO COMPLEJO DE IGUALDAD. La igualdad formal en la Carta de Derechos Fundamentales de la Unión Europea, *por Cristina Monereo Atienza.*

58 EL RÉGIMEN PROCESAL DE LOS FISCALES EN LOS TRIBUNALES PENALES INTERNACIONALES, *por Kay Ambos y Stefanie Bock.*

59 LA DOCTRINA DE LA "GUERRA JUSTA" EN EL PENSAMIENTO DE JOHN RAWLS, *por José María Garrán Martínez.*

GRACIAS POR CONFIAR EN NUESTRAS PUBLICACIONES

Al comprar este libro le damos la posibilidad de consultar gratuitamente la versión ebook.

Cómo acceder al ebook:

- ☞ **Acceda a nuestra página web,** sección Acceso ebook (www.dykinson.com/acceso_ebook)
- ☞ **Rellene el formulario** que encontrará facilitando, el código de acceso que le facilitamos a continuación así como los datos con los que quiere acceder al libro en el futuro (correo electrónico y contraseña de acceso).
- ☞ Si ya es **cliente registrado**, deberá acceder con su **correo electrónico y contraseña habitual**.
- ☞ Una vez registrado, **acceda a la sección Mis e-books de su cuenta de cliente**, donde encontrará la versión electrónica de esta obra ya desbloqueada para su uso.
- ☞ Para acceder al libro en el futuro, ya sólo es necesario que se identifique en nuestra web con su correo electrónico y su contraseña, y que se dirija a la sección Mis ebooks de su cuenta de cliente.

CÓDIGO DE ACCESO

DYK019243

Rasque para ver el código

Nota importante: Sólo está permitido el uso individual y privado de este código de acceso. Está prohibida la puesta a disposición de esta obra a una comunidad de usuarios.